教科授業サポートBOOKS

音楽授業の「見方・考え方」
成功の指導スキル&題材アイデア

「見方・考え方」をシャープにし、新学習指導要領を実現するための授業の勘所をその道の12人に学ぶ

髙倉　弘光 編著
音楽授業ラボラトリー研究会 著

 津田　正之

 髙倉　弘光

 松長　誠

 後藤　朋子

 西村美紀子

 山上　美香

 森　寛暁

 上杉　一弘

 安部　香菜

 伊藤　友貴

 伊野　義博

 北村　俊彦

Onju-Lab. 音楽授業ラボラトリー研究会

明治図書

はじめに

　本書は，音楽授業ラボラトリー研究会に関わる全国各地の先生に執筆をお願いして完成したものです。本研究会は，次代の音楽授業はどうあればよいかを考える場として，年に数回東京を中心に開催されています。時代が速いスピードをもって変化しています。音楽の授業はその変化の中でどのように変わっていくべきなのでしょうか。いや，変えるべきではないのでしょうか。それを考えるのが〈ラボ〉という場です。

　時折しも新しい学習指導要領が告示されました。そこで私が目に留めたのが「見方・考え方」という言葉です。子どもが音楽的な見方・考え方を働かせることについて言及しています。しかし，考えてみれば，音楽の授業をつくるとき，私たち教師も様々な見方・考え方を働かせることはとても重要ではないでしょうか。

　本書は，教師にとっての「見方・考え方」に焦点を当てて，新しい時代の音楽授業をどうつくっていけばよいのか，その理念と実践を現場目線でまとめた一冊です。本書が，全国の先生方の実践，そして研究のお役に立てばこの上ない幸せです。

音楽授業ラボラトリー研究会代表
筑波大学附属小学校　教諭　髙倉弘光

もくじ

はじめに　3

Chapter 1　新学習指導要領を音楽授業に落とし込む！

新学習指導要領を踏まえた音楽の授業　　　津田　正之　008
教師が身に付けたい「見方・考え方」　　　髙倉　弘光　016

Chapter 2　「見方・考え方」を働かせた題材アイデア10

1　松長　誠 先生伝授！
　　常時活動は，本活動の入口！「春の小川」の授業
　　　―「常時活動」の見方・考え方―　　　　　　　　　　020

2　後藤朋子 先生伝授！
　　初めての合唱。丁寧に，丁寧に，子どもに接してこそ！
　　　―「歌唱と鑑賞」の見方・考え方―　　　　　　　　　030

3　西村美紀子 先生伝授！
　　歌唱共通教材を消化試合にしない！
　　　―「歌唱共通教材」の見方・考え方―　　　　　　　　040

◆◆◆◆◆◆◆◆◆◆◆◆◆◆◆

 器楽

4 山上美香 先生伝授！
聴き方を明確にすると，子どもたちのアイデアがあふれます！
　　―「音・音楽を聴く」の見方・考え方― 　　　　　　　　050

音楽づくり

5 森　寛暁 先生伝授！
言葉のもつ音の特徴に耳を傾ける！
　　―「言葉の響きを感じる活動」の見方・考え方― 　　　　060

6 上杉一弘 先生伝授！
リズムと音階で，だれもが楽しめる音楽づくり
　　―「音楽づくり」の見方・考え方― 　　　　　　　　　　070

7 安部香菜 先生　伊藤友貴 先生伝授！
一つの教科書教材を2倍にして楽しむ方法！
　　―「教科書教材」の見方・考え方― 　　　　　　　　　　080

  鑑　賞

8 髙倉弘光 先生伝授！
計算された「体の動き」が子どもを輝かせる！
　　―「体を動かす活動」の見方・考え方―　　　　　　　　　090

  我が国の音楽

9 伊野義博 先生伝授！
日本語は，伝統音楽への虹のかけ橋
　　―「日本の伝統音楽」の見方・考え方―　　　　　　　　100

  特別寄稿
リコーダー

10 北村俊彦 先生伝授！
１音でも，立派な音楽
　　リコーダー指導，ココが大事！　　　　　　　　　　　　110

おわりに　131

執筆者一覧　132

Chapter 1

新学習指導要領を音楽授業に落とし込む！

新学習指導要領を踏まえた音楽の授業

国立音楽大学教授，前文部科学省教科調査官　**津田　正之**

　平成29年3月に告示された新学習指導要領（以下，新CS）の趣旨を踏まえた音楽の授業を実現するためには，まず，改訂の要点をしっかりと理解しておくことが大切です。目標や内容の改善点のポイントをできるだけシンプルに説明してみます。

1　改訂のポイントは資質・能力の明確化！

　新CSの改訂のポイントは，「生きる力」を児童に育むために，「何のために学ぶのか」という各教科等を学ぶ意義を共有しながら，授業の創意工夫や教材の改善を引き出していけるようにするため，教育課程全体を通して育成を目指す資質・能力を，(1)「知識及び技能」，(2)「思考力，判断力，表現力

等」，(3)「学びに向かう力，人間性等」の「三つの柱」で整理していることです。もちろん音楽科の目標や内容においても同様です。

　「三つの柱」という縛りは，授業の創意工夫や教材の改善を引き出しにくくするのではないか，と思われる方もおられるかもしれませんが，音楽科の学習において何ができるようになるのか，すなわち育成を目指す資質・能力を明確にしてこそ，地に足のついた授業改善が実現するはずです。そのために「主体的・対話的で深い学び」の実現という授業改善の視点（後述）も示されています。ここでは，音楽科で育成を目指す資質・能力が目標や内容においてどのように示されているのか，その特徴を見てみましょう。

【新CS　教科の目標】

表現及び鑑賞の活動を通して，音楽的な見方・考え方を働かせ，生活や社会の中の音や音楽と豊かに関わる資質・能力を次のとおり育成することを目指す。

(1) 曲想と音楽の構造などとの関わりについて理解する〈表現・鑑賞の知識〉とともに，表したい音楽表現をするために必要な技能を身に付ける〈表現の技能〉ようにする。

(2) 音楽表現を工夫すること〈表現の思考力，判断力，表現力等〉や，音楽を味わって聴くこと〈鑑賞の思考力，判断力，表現力等〉ができるようにする。

(3) 音楽活動の楽しさを体験することを通して，音楽を愛好する心情と音楽に対する感性を育むとともに，音楽に親しむ態度を養い，豊かな情操を培う。
〈表現・鑑賞の学びに向かう力，人間性等〉

※下線部は現行を踏襲した表記　〈　〉等は筆者加筆

---

(1)「生活や社会の中の音や音楽と豊かに関わる資質・能力」の育成

　新CSでは，教科の目標の冒頭に，小学校音楽科において「どのような資質・能力」を，「どのような学習活動を通して」育成するのかが明確に示されています。つまり，音楽科は，「生活や社会の中の音や音楽と豊かに関わる資質・能力」の育成を目指す教科であるとし，そのためには，これまでと同様に「表現及び鑑賞の活動を通して」行うこと，新たに「音楽的な見方・考え方」を働かせることが必要であること（後述）が示されています。

児童の生活や，生活を営む社会の中には，様々な音や音楽が存在し，人々の生活に影響を与えています。生活や社会の中の音や音楽と豊かに関わる資質・能力を育成し，児童が自らそれらの音や音楽との関わり，生活を豊かにしていくことが，音楽科の果たすべき大切な役割の一つであることを明確にしました。「何のために音楽を学ぶのか」の答えは，「生活や社会の中の音や音楽と豊かに関わる資質・能力を身に付けるため」となります。

　生活や社会の中の音や音楽と豊かに関わる資質・能力は，教科の目標(1)，(2)，(3)を指します（【新CS教科の目標参照】）。なお，「A表現」，歌唱，器楽，音楽づくりの三分野，「B鑑賞」，〔共通事項〕の内容は，指導すべき内容が一層明確になるよう，**ア「思考力，判断力，表現力等」，イ「知識」，ウ「技能」**に対応するように再整理されています。

(2)　「知識」の習得－関わりを理解する知識

　音楽科における「知識」というと，曲名や作曲者，曲が生まれた背景，音符，休符，記号や用語の名称などを思い浮かべられる方も多いと思います。これらも大切な知識ですが，新CSで示す知識とは，児童一人一人が，学習の過程において，音楽に対する感性を働かせて感じ取り理解するものです。「知識」に関する事項を「○○と○○との関わり」のように示し，両者の間にはどのような関わりがあるのかを捉え，理解できるようにすることが「知識」の習得であるとされています。例えば，A表現及びB鑑賞では，**曲想と音楽の構造との関わり**などを理解することに関する具体的な内容が，事項イに示されています。曲想と音楽の構造の関わり合いについて理解するとは，例えば，「落ち着いた感じから明るい感じに変わった（曲想）のは，低い音域で旋律が繰り返されている前半に比べて，後半は旋律の音域が高くなり，音の重なり方が少しずつ変化している（音楽の構造）から」といったことを，表現や鑑賞の活動を通して，児童が自ら捉え，理解することです。

(3)　「技能」の習得－表したい音楽表現をするために必要な技能

　A表現の「技能」については，表したい音楽表現をするために必要な技能，すなわち**思いや意図に合った表現**などをするために必要となる具体的な内容

が，歌唱，器楽，音楽づくりの事項イに示されています。

表現領域の歌唱，器楽，音楽づくりの活動においては，複数の技能を位置付けています。例えば，歌唱では，(ア)聴唱や視唱などの技能，(イ)自然で無理のない歌い方で歌う技能，(ウ)声を合わせて歌う技能を示していますが，これらの技能は，**思いや意図に合った表現などをするために必要なものとして位置付けられており，事項アの「思考力，判断力，表現力等」の育成と関わら**せて，習得できるようにすべき内容であることを明確にしています。

(4) 「思考力，判断力，表現力等」の育成－知識や技能の習得との往還－

表現領域では，どのように歌うか，どのように演奏するか，どのように音楽をつくるかについて思いや意図をもつこと，鑑賞領域では，曲や演奏のよさなどを見いだし，曲全体を味わって聴くことに関する具体的な内容が，歌唱，器楽，音楽づくり，鑑賞の事項アに示されています。事項のアの冒頭部分には，「知識（や技能を）得たり生かしたりして」（括弧は表現領域）」とし，「思考力，判断力，表現力等」は，その学習の過程において，**知識や技能の習得及び活用と関わらせながら一体的に育成することが重要であること**を示唆しています。

また，現行の〔共通事項〕の事項アの内容は，「音楽を形づくっている要素を聴き取り，それらの働きが生み出すよさや面白さ，美しさを感じ取ること」でしたが，今回の改訂では，**「聴き取ったことと感じ取ったこととの関わりについて考えること」**とし，聴き取ったことと感じ取ったことのそれぞれを自覚し，確認しながら結びつけていくという思考を働かせることで，聴き取りと感じ取りが深まるよう，〔共通事項〕のアの学習の充実が図られています。

(5) 「学びに向かう力，人間性等」の涵養－現行の要点の継承と協働の重視－

このような資質・能力は，内容に示された資質・能力を育成する過程において涵養されるものであるため，目標のみに示されています。現行の目標にある**「音楽を愛好する心情」**，**「音楽に対する感性」**，**「豊かな情操」**は，ここに継承されています。また，学年の目標には，音や音楽及び言葉によるコミュニケーションが重要となる音楽科の学びの特質を反映し，「協働して音楽

活動をする楽しさ」が加えられていることも，大切なポイントです。

2　新CSを踏まえた題材（授業）構成の基本

　では，資質・能力を明確にした目標や内容の整理を踏まえて，音楽の授業づくりをどのように進めていったらよいのでしょうか。音楽の授業をつくる際の実質的な単位が「題材」です。新CSを踏まえた題材の構成に当たっては，次の点が重要です。

(1)　資質・能力の関連を図り一体的に育むこと

　前述のように，「知識」，「技能」，「思考力，判断力，表現力等」，「学びに向かう力，人間性等」の資質・能力は，強い関係性があります。この点を踏まえ，新CSの趣旨を踏まえた題材（構成）では，次のことが必須となります。

> ①　表現領域（歌唱，器楽，音楽づくり）では，アの「思考力，判断力，表現力等」，イの「知識」及びウの「技能」の各事項を**全て扱い**，**適切に関連させて**題材を構成すること。
> ②　鑑賞領域では，アの「思考力，判断力，表現力等」，イの「知識」の各事項を**全て扱い**，**適切に関連させて題材を構成すること**
> ③　上記のア，イ，ウの各事項の指導の過程において〔共通事項〕を扱い，**各事項の指導と併せて十分な指導が行われるようにすること**。
> ④　なお，①と②において，事項ア，イ，ウに対し，(ア)(イ)(ウ)のように複数の事項を示している場合は，指導のねらいなどに応じて，**複数の事項のうち一つ以上を扱うようにすること**

　現行のCSの事項では，一つの事項において，複数の資質・能力に関する内容が含まれているものもありました。例えば，歌唱の事項イ（高学年）では，次のように示されています。

　　歌詞の内容，曲想を生かした表現を工夫し，思いや意図をもって歌うこと。
　　　　　知識　　　　　　　思考力，判断力，表現力等　　　　　　技能

したがって，一つの事項でも各分野の学習が成立することがありましたが，

各事項で育成する資質・能力を明確にした新CSでは，原則，表現領域ではア，イ，ウの事項，鑑賞領域ではア，イの事項を全て扱い，一体的に育んでいくことが求められます。また，〔共通事項〕については，これまでと同様，単独で指導するのではなく，各事項との関連を十分に図って扱うようにすることが必要です。さらに，題材の指導過程を見通して，どの事項をどのよう場面で扱うのか，取り扱う教材の特質を踏まえて，指導計画を工夫することが大切です。

(2) 「主体的・対話的で深い学び」の視点からの授業改善を図ること

　新CSの学習・指導方法のキーワードの一つとなっている「主体的・対話的で深い学び」ですが，何のために行うでしょう。それは，「知識及び技能」，「思考力，判断力，表現力等」，「学びに向かう力・人間性等」の育成が**偏りなく実現されるようにするため**であることを理解しておく必要があります。

　「主体的な学び」，「対話的な学び」，「深い学び」は**それぞれが独立した視点**です。主体的な学習や対話的な学習をすることによって，深い学びが実現するといった特定の関係性を示すものではありません。さらに，1単位時間の授業の中で全てが実現されるものではありません。**題材など内容や時間のまとまりを見通して，**主体的な学習の場面，対話的な学習の場面，深い学びの学習場面を設定することが大切です。

　それぞれの視点から授業改善を行う際，大切な点を示してみましょう。

①主体的な学びの視点から－見通しをもつ，学びや変容の自覚－

　学習内容への興味・関心を喚起したり，**学習の見通しをもてるようにする**ことや，**学んだことや自分の変容を自覚し，**次の学びにつなげることができるようにすることが大切です。

②対話的な学びの視点から－自分の考えとその根拠をもつ－

　他者との対話によって，**自分の考えなどを広げたり深めたりすることができるようにする**ことが大切です。その際，それぞれの児童が**自分の考えをもつ**こと，**考えの根拠をもつ**ようにすることができるように指導の手立てを工夫すること，また，友達や教師だけではなく，**多様な他者（地域の演奏家，音楽をつくった人など）と対話**できるようにすることも大切です。

③深い学びの視点から－「音楽的な見方・考え方」を働かせる－

　学習の過程において，児童が，**「音楽的な見方・考え方」**を働かせることができるようにすることが必要です。「音楽的な見方・考え方」とは，音楽科の特質に応じた物事を捉える視点や考え方です。「見方・考え方」を分かりやすく例えると，資質・能力を育成するために働かせる**「学びのエンジン」**であり，音楽科の学びのエンジンとは，**「音楽に対する感性を働かせ，音や音楽を，音楽を形づくっている要素とその働きの視点で捉え，自己のイメージや感情，生活や社会などと関連付けること」**と考えられます。

　「何だか難しいなぁ」と感じるかもしれませんが，特別なことではありません。現行のCSで位置付けられた〔共通事項〕アと深く関わるものです。「音楽に対する感性を働かせ」るためには，「音や音楽を，音楽を形づくっている要素とその働きの視点で捉え」るためには，音色，リズム，速度，反復，呼びかけとこたえなどの音楽を形づくっている要素を聴き取り，それらの働きが生み出すよさや面白さ，美しさを感じ取ることが支えとなるからです。

　そして，音や音楽がどのようなイメージや感情を喚起しているか，音や音楽が人々の生活や文化など音楽の背景とどのように関わっているかについて考えることによって，思いや意図をもって表現したり，曲や演奏のよさなどを見いだし，曲全体を味わって聴いたりする学習が一層充実するのです。

　なお，音楽科の「２内容」や「３内容の取扱い」は，音楽的な見方・考え方を働かせることを前提として，各事項や教材の取扱いを示しています。曲想の音楽の構造との関わりについて理解するためには，児童が自ら感性を働かせ，音や音楽を，音楽を形づくっている要素とその働きの視点で捉え，自己のイメージや感情と関連付けることが必要です。また，労働歌など生活との関わりを捉えやすい音楽を扱う場合，その音楽の理解を深めるためには，生活や文化と関連付けることが大切です。

　もっとも，児童が見方・考え方を働かせているかについては，児童の学習評価の対象ではありません（教師の指導の評価の対象にはなります）。**児童の学習評価の対象は，音楽的な見方・考え方を働かせた学習活動によって，**

育成された資質・能力であることも踏まえておく必要があります。

3 新CSを踏まえた授業を充実するために

　新CSでは，子供の立場が大切にされています。そのことは，内容の表記が，「〈児童が〉身に付けることができるように，〈教師が〉指導すること」（〈 〉は隠れ主語）のように示されていることにも表れています。児童が身に付けることができるようにするためには，**子供の音楽表現や感じ方を価値付け，具体的にアドバイスできるようにすること**が重要です。そのために必要なのは，**教材の見方・考え方（教材研究）**を深めることです。なぜならば，資質・能力は，教材曲の特徴や，音楽をつくる条件などの特徴に応じて育成されるものだからです。教材の見方・考え方を深めるためには，**教師自身が音楽的な見方・考え方を働かせて教材に向き合うこと**が必要です。その際に大切なのは，単に教材を分析するだけではなく，教材の特徴に即して**資質・能力が育成された児童の姿**を具体的に想定することです。例えば，音の重ね方や強弱，速度を工夫して，打楽器で音楽をつくる活動において，どのように全体のまとまりを意識した音楽をつくるかについての思いや意図をもっている児童の姿であれば，次のような思いや意図を想定することが考えられます。

　「遠くから来た動物の群れが近づいた後，走り去っているような音楽にしたいので，一つの楽器でゆっくり始めてからいくつかの楽器を徐々に重ね，中間の部分では，速度を速めて全員で音を出し，徐々に楽器を減らしながら音を弱くして，最後は一つの楽器で終わりたい」。

　このような姿を具体的に描くことで，具体的な指導の手立てが見えてきます。教師がこのような姿を描くことができるようになるためには，**教材の見方・考え方**（教材研究）だけでなく，**児童の見方・考え方**（児童理解）を深めていくことも大切です。また，教師自身が，教材の見方・考え方を深めつつ，児童が笑顔いっぱいで主体的に学習に取り組む姿，友達の意見に共感しながら表現を深めている姿などを具体的に描くことが，**生活や社会の中の音や音楽と豊かに関わる資質・能力の育成**につながると信じています。

教師が身に付けたい 見方・考え方

筑波大学附属小学校　髙倉　弘光

1　教師にも必要な「見方・考え方」

　学習指導要領が改訂される度に、その時代における教育的な課題を解決するためのキーワードが出現します。今回の改訂では、各教科において、子どもたちがその教科に迫っていくために教科独自の「見方・考え方」を働かせるように示しています。この「見方・考え方」というのが「資質・能力」「深い学び」と並んでキーワードの一つととらえることができます。

　私は、この「見方・考え方」というキーワードについて考えているうちに、「もしかして、『見方・考え方』を働かせなければいけないのは、子どもたちだけではなく、私たち教師も同じなのではないだろうか」と思うようになりました。

2　授業を成立・充実させるために必要な教師の「見方・考え方」

　音楽の授業を成立させ充実させるには、私たち教師の「見方・考え方」が必要であると言いました。では、どんな「見方・考え方」が必要なのでしょうか。私の独断と偏見でまとめてみたいと思います。

(1)　教材の「見方・考え方」

　これは、子どもたちが働かせるべき音楽的な「見方・考え方」と同じです。教師は、その授業を通してどんな力を身に付けさせたいのか、つまり学習の内容、ねらいを定めなければなりません。その時〔共通事項〕を手がかりに学習の内容などを定めていくことになるでしょう。

　例えば、鑑賞の学習においてある曲を子どもたちに聴かせる時、教科書では「速度の変化」を扱うように示しているとします。でも、それだけが正解

ではないと思います。一つの音楽を「速度の変化」だけでなく，いろいろな角度からとらえることができます。「強弱の変化」もあるでしょうし，「楽器の音色」もあるわけです。

　教科書や指導書が示す通りに授業をつくる場合もあります。しかし，教師は自らの成長とともに，自分なりの教材の見方や考え方ができるようになっていくことが理想と言えると思うのです。普段から，子どもにとってこの教材のどこが音楽的に面白いのか，考えさせるのにふさわしいのか，というアンテナを立てておくことは大切なことだと思います。

(2) 子どもの「見方・考え方」

　授業を構成している要素は教材だけではありません。当たり前のことですが，教材に向き合う〈子ども〉がいるのです。しかも，クラスの状況は一様ではありません。同じ3年生でも様々なクラスがあります。落ち着いているクラス，集中力に欠けガチャガチャしているクラス，とにかく様々です。

　子どもが違えば授業の進め方も自ずと違ってくる。これも当然のことです。再び教科書の話になりますが，教科書や指導書に示されている方法が唯一絶対のものではない，ととらえることが必要だと思います。

　まずは，今目の前にいる子どもたちはどんな様子なのかをとらえることが肝要です。例えば，音楽づくりの学習で，いきなり「まとまりのあるABAの三部形式の音楽をつくりましょう！」と持ちかけても，それは無理な話です。いや，そのクラスの状態によってはできるかもしれない。つまり，そのクラスがその日の授業をするにあたって準備ができているのか，そこを見極めることが大切だと思うのです。こういう準備のことをレディネスと言ったりします。そのレディネスが不十分であると感じたら，たとえ一つ下の学年の学習内容であっても，そこから授業を始めるべきでしょう。

　こんな事例を聞きました。集中力に欠け，へたをすると立ち歩く子どもが出てきたりするクラスがあったそうです。じっと座って集中することが苦手な低学年。教師はなんとか落ち着きのある授業を展開させようとするのですが，なかなかうまくいかない。そんな時に，落ち着きのないことを逆手にと

って，鑑賞の授業で音楽に合わせて歩くなど体を動かす活動を取り入れたそうです。あるテーマが鳴っている時だけ歩く，そうでない時は座る。これだけのシンプルな指示。なんと，子どもたちは見事に集中力を発揮させ，授業が大成功に終わったそうです。注目すべきは，その授業をきっかけに，そのクラスは落ち着きを見せるようになり，音楽のみならずいろんな教科の授業が成立するようになったということです。

　子どもたちをよく見る，よく観る，よく診る，よく看る……そして「対峙」する。大事なことです。

(3) 授業の「見方・考え方」

　ここまで教材の「見方・考え方」，子どもの「見方・考え方」について見てきました。最後は授業の「見方・考え方」です。教材，子ども，授業，これは切っても切れない関係にあります。

　ここで言う授業の「見方・考え方」とは，教材や子どもとの関係で，柔軟に授業を展開させるスタンスのことを指します。

　通常，あらかじめ指導案を作って授業に臨みます。それが紙であっても頭の中であっても指導案はあるはずです。そして，その案に従って授業を展開させます。しかし，なかなか案の通りに進まないのもまた現実でしょう。その時です。授業の「見方・考え方」を発揮させるのは。

　私たち教師は自分の立てた指導案通りに授業を進めたいと思うばかりに，子どもがどういう反応を示したとしても，自分の案を変えようとしないことが多いのではないでしょうか。

　そうではなくて，子どもの様子を見て，そして授業のねらいを考えて，もしかするとその時間には当初のねらいが達成できないかもしれないけれど，思い切って案を変更し，子どもの思考の流れについていってはどうでしょう。きっと新しい世界が見えると思います。授業の「見方・考え方」を柔軟にしておくことが，教師が成長する一つの条件，子どもにとって授業が充実する条件となると思うのです。

Chapter 2

「見方・考え方」を働かせた題材アイデア10

歌唱　器楽　音楽づくり　鑑賞　その他 常時活動

1 松長　誠 先生 伝授！

常時活動は，本活動の入口！「春の小川」の授業

「常時活動」に対する見方・考え方を明確にして，授業の導入と本活動をつなげていきます。♪

埼玉県所沢市立小手指小学校　教諭

目指す授業づくり ◆◆◆◆◆◆◆◆◆◆◆◆◆◆◆

　よく学習指導案の導入で「常時活動に取り組む」「音楽の雰囲気をつくる」という文言を目にする。しかし，常時活動は，毎授業の習慣として同じことを行えばよいものではなく，雰囲気づくりといった感覚的なものをねらうものでもない。常時活動（導入）で育てたい児童の資質・能力，見方・考え方は何だろうか。そして，常時活動と本活動との関連を図ろうとすれば，常時活動の研究の必要性が見えてくる。

　音楽は，技能差や音楽経験がはっきり出やすい教科ではある。しかし，常時活動では，「子ども全員が楽しめる，参加できる」，そんな活動を用意し，授業の導入で音楽の世界に引き込みたい。

常時活動 の 見方 考え方

　常時活動のとらえ方は，先生方によって様々だと思いますが，私は，以下の４つの視点をもって常時活動に取り組んでいます。

　視点１ は，コミュニケーションを必要とする活動であるかです。コミュニケーションといっても言語的な活動だけでなく，友達とペアを作ったり，手を合わせたりするなど仲間づくりや非言語的な活動も大切にしていきます。

　視点２ は，感性を伸長する活動であるかです。リズム感や終止感，拍感などの感性は，習わずとも子ども達が感覚的にもっているものです。例えば，仕組みを知らなくても真似ることはできるリズム。しかし，活動後にリズム譜を見たり，リズムと拍との関わりを価値づけしたりすることで，リズム感覚は，より鋭敏になるはずです。

　視点３ は，技能の習得を助ける活動であるかです。常時活動では，既習のリコーダー曲や歌に取り組むことも多いと思います。これらは，既習事項の復習と同時に技能の定着を図ることをねらいとした常時活動といえます。

　視点４ は，活動を支えている〔共通事項〕や音楽的な見方・考え方は何かです。児童が様々な場面で〔共通事項〕を手掛かりに音楽的な見方・考え方をもつことは，音楽科における深い学びにつながります。

　以上４つの視点のうち，どの視点に重きをおいて常時活動に取り組むのか，教師が明確にねらいをもつとともに，本活動との関連を考えることができれば，常時活動をより充実させることができます。

本題材のアウトライン

　３年生の歌唱共通教材「春の小川」の指導法について提案をします。といっても，本書では，発声指導や声づくりに重きをおいたものではなく，「春の小川」を取り組む前に行う常時活動の充実を図った授業展開例です。常時活動，本活動ともにゲーム化したり，身体を動かしたりしながら，何度も活動したくなる，歌いたくなるしかけをつくり，音楽量を確保していきます。

歌唱　器楽　音楽づくり　鑑賞　その他　常時活動

音の高さに気をつけて，拍にのって歌おう

おすすめ
ポイント
歌唱共通教材は，ただ歌うだけでは，もったいない！　たくさんの音楽的な見方・考え方がつまっています。

教　　　材：「春の小川」（高野辰之作詞，岡野貞一作曲）
対象学年：3年生
取り上げる主な〔共通事項〕：拍，反復，旋律

1　「春の小川」で育てたい音楽的な見方・考え方

　まず，教材曲「春の小川」は，どんな音楽的な見方・考え方ができるのか，分析していきます。教師の楽曲分析力が，学習活動や目標の設定につながっていくからです。その際の目安となるのは，学習指導要領です。歌唱の内容ウの技能面は，(ｱ)(ｲ)(ｳ)に明確に示されています。しかし，アやイの内容や音楽的な見方・考え方は，取り組む楽曲ごとに授業者自身が考えていかなければなりません。「春の小川」でおさえるべき特徴は，例えば，

○拍子
・4拍子でできている。
○リズム
・すべての段が同じリズム（四分音符＋四分休符）でできている。
○構成
・A－A'－B－A'の構成でできていて，反復が効果的に使われている。
○旋律で使われている音
・ドレミソラシの6つの音でできている。（ファの音だけ，ない！）
・使われている音の数を見ると，シが1回だけで極端に少なく，ドレミソラ5つの音を中心とした音階でつくられた旋律である。
・各段の終止音に使われているミは続く感じ，ドは終わる感じが強い。

○歌詞や歌詞と旋律との関わり
・春ののどかで暖かな雰囲気，美しい情景が描かれている。
・詩の音数がすべて7音＋7音で構成されている。
・各段の最初の言葉は，全て「ー」（のばし）となり，スラーがついている。

などがあげられます。授業では，上記全ての見方・考え方を使わないにせよ，楽曲分析の深さが授業づくりに生きてくるはずです。

2　新曲の出合わせ方，授業の流れは？

　歌唱新曲教材との出合わせ方は，様々あると思います。歌詞や曲名から入る，教師の範唱やCDを聴く，教科書や写真を見るなど。しかし，今回は，教材に関連する常時活動から入っていきます。音遊びから入り，気づいたら「春の小川」になっていた！といった具合に授業を展開します。

　新しい歌唱教材に入る際，私は，「教科書の○ページ開いて」と歌詞，曲名といきなり出合わせる授業パターンの時もありますが，今回提案していくような音遊びから知らず知らずのうちに教材に入っていく授業パターンを多く使います。なお，授業の初めに「今日は，『春の小川』という歌を学習します」と伝えてしまうと活動のネタバレとなる部分がありますので，曲名や歌詞は後から児童に伝えることとします。

3　常時活動から出発！（第1時間目）

　授業の初めは，拍（4拍子）を切り口に常時活動に取り組みます。

【活動1】これから4拍子の音楽を聴きます。（教師による生演奏も◎）音楽の1拍目で手を挙げましょう。次の1拍目で手を下げましょう。また，次の1拍目で手を挙げて，次の1拍目で手を下げる。曲の終わりまで続けます。

| 歌唱 | 器楽 | 音楽づくり | 鑑賞 | その他 常時活動 |

　活動の前に一度，音楽なしで「1・2・3・4…」と教師の掛け声だけで手の挙げ下げの練習をしておきます。必要に応じて，拍子の仕組みも説明します。曲は，「キラキラ星」（4拍子の曲で四分音符＝100程度の速さの曲がよい）など，子ども達の知っている曲がよいでしょう。はやり歌や学校の校歌が条件に合えば，それらでもおすすめです。「あっ，〇〇だ！」「1，2，3，4…」と唱えながら，誰もが楽しく活動できるでしょう。1拍目を鋭敏に反応している子を称賛して次の活動につなげます。

> 【活動2】今度は，曲の1拍目でペアの友達とハイタッチをしましょう。2，3，4拍目は，自分の手をたたきます。では，友達とペアをつくります。

　曲は，活動1と同じ曲で活動2を行います。活動前にあらかじめ動きの練習をしておきます。先生がペアを指定する方法もありますが，子どもにペアづくりを委ねる場合，人間関係やクラスの様子を見るチャンス。1人になってしまう子がいたら，「1人の友達がいるけど，どうしよう？」。そんな声かけで「3人でやる」「入れてあげる」と声が出てきたら称賛の材料です。

> 【活動3】今度も，曲の1拍目で友達とハイタッチをします。でも，今度は，ハイタッチをしたら他の友達を探しに移動します。さて，何人の友達とハイタッチできるかな。曲が終わるまでには，席に戻りましょう。

　曲は，活動1と同じ曲で行います。活動1と同様にあらかじめ動きの練習をしておきます。活動3でも，子ども達の人間関係をよく見ておきます。また，曲の終わりぴったりに席に戻った子は，終止感や曲の長さを聴き取っている証拠ですので称賛します。

　活動1は，常時活動の 視点2 や 視点4 でしたが，活動2および活動3は， 視点1 にも，重きがおかれています。「春の小川」の学習は，新学期，間もない頃でしょうから，音楽と一体になる楽しさを味わわせるとともに，協働的な活動を意図的に仕組んでおくと，今後の音楽活動に生きてきます。

活動が盛り上がってきたところで，こっそり「春の小川」を活用します。

【活動4】みんな4拍子に乗れてきましたね。それでは，今度聴く音楽は何拍子ですか？　拍に合わせて指番号（写真参照）で先生に教えてください。

　1拍目　　　　　2拍目　　　　　3拍目　　　　　4拍目

　曲を「春の小川」（範唱CD）に変えて活動4を行います。まだ曲名や歌詞は伏せておきます。拍感よく生き生きと活動している子を称賛して次の発問につなげます。曲の2番になったら「何拍子ですか？」と児童に問いかけながら，教師も一緒に拍に合わせて指番号を示し，答え合わせをしていきます。

【活動5】今の曲も，4拍子！ということは，さっき（活動2）と同じようにハイタッチと手拍子は，できるかな？

　「春の小川」（範唱CD）をBGMに活動5に取り組みます。内容は，活動2と同じでも，曲が変わると新鮮味があります。この時点で「春の小川」を2回聴いたことになりますが，子ども達は，歌詞や曲名のことは，さっぱり頭にないことでしょう。しかし，知らず知らずのうちに旋律の音の動きや曲の長さ，速さ，拍子について，聴き取っているはずです。常時活動が，本活動の入口になっているということです。活動5の後は，次の発問でいよいよ「春の小川」（本活動）につなげます。

　実は，今の曲，教科書に載っている歌でした。どのページの歌かな？

　BGMのように「春の小川」の範唱CDを聴きながら教科書のページを探します。同時に，拡大歌詞や春の小川の写真を掲示するなどして「春の小

| 歌唱 | 器楽 | 音楽づくり | 鑑賞 | その他 常時活動 |

川」の学習をするんだ！という雰囲気を醸し出していきます。そして，歌詞の意味や情景を写真で確認したり，「学校の近くに小川はある？」と子ども達に尋ねたりして「春の小川」に親近感をもったところで，

> それでは，歌ってみましょう。もう３回聴いたから，歌えるかな！？

この際に，歌詞が「ー」でのびているところなど，リズムや音程がとれていないところがあれば，適宜，範唱等で音取りを行います。一通り歌えるようになったら次の活動６へ。

> 【活動６】「春の小川」で，ゲーム「１拍目だけ歌って」をします。まちがえてしまったら座りましょう。

活動６は，活動１と似たような活動です。１拍目だけ歌う，つまり「は」（ーるの）「お」（がわは）「さ」（らさら）「い」（くよ）という具合です。速さを変えたりしながらスリリングに楽しく活動できればOKです。ついつい全部歌ってしまうので結構な確率で間違えます。もう１回！とリクエストがあれば，何度か活動６に取り組みます。ゲーム化することで，活動に主体性が生まれ，同時に音楽量の確保にもつながります。

活動６の応用として，２拍目だけ，３拍目だけ，４拍目だけ歌う活動もよいでしょう。楽譜に拍に対応した色で◯をつけていくと視覚的に見やすく歌いやすくなりますし，次の第２時間目の階名唱の活動にもつながります。

「春の小川」の授業を２時間計画とする場合は，ここまでで一区切りとし，もう一度，全曲通して歌って授業を終わりにしたり，器楽や鑑賞など異なる活動を入れたりします。

4　ゲーム化で音楽量を増やす！（第2時間目）

　第1時間目の活動1～6を行ったり，「春の小川」を1回歌ったりするなどして復習をした後，第2時間目の本活動につなげます。

> 　みんなずいぶんと歌えるようになりましたね。でも，本当に覚えたかな？　それでは，先生がテストを出します。これから，鍵盤ハーモニカで弾く旋律は，どの歌詞の部分ですか？

　楽譜の1段目（「ミソラソ　ミソドド　ララソミ　ドレミ」）を範奏し，代表の児童に答えてもらったり，歌ってもらったり，みんなで歌ったりして答え合わせをします。

　次に，3段目（「レミレソ　ララソラ　ドドシラ　ソソミ」）を範奏し，みんなで歌っていくなどして答え合わせをします。

　次に，2段目（「ミソラソ　ミソドド　ララソミ　レミド」）を範奏し，みんなで歌っていくなどして答え合わせをします。

　ここでは，どんな順番で問題を出すかが重要になります。すなわち，1段目，3段目は，くり返しでない部分，楽曲唯一登場の旋律Aと旋律Bですので迷う余地はありません。一方，2・4段目は，両方とも，同じ音高の旋律A'ですので，児童は2段目と4段目どっちかな？と戸惑うはずです。正解を追求していく過程で子ども達から「ひょっとして同じ旋律では？」と発言が出たらしめたものです。

> 　2・4段目は，鍵盤ハーモニカで弾くと同じに聞こえましたね！　このような同じ部分のことを「くり○○○」（伏字で）といいますね。

　反復という言葉が3年生の1学期の段階ではやや難しいように思いますので，くり返しという言葉に置き換えて曲の構成の理解につなげます。

| 歌唱 | 器楽 | 音楽づくり | 鑑賞 | その他 常時活動 |

　実は，楽譜にもヒントがいっぱいあったんだよ。音符の形や色が同じ時は，同じ高さ，同じリズムです。２段目と同じ音符の段は，何段目ですか？

　拡大楽譜を提示するなどしながら，２段目と４段目が，同じ旋律であることをおさえます。さらに１段目と２段目，４段目は，途中まで同じ旋律であることを見つける児童もいるかもしれません。楽譜だけでは，ピンとこない児童もいるので階名も同時に示し，階名唱へとつなげます。階名が同じであることをおさえれば，子ども達は，くり返しをより意識することでしょう。何度か歌って階名唱に慣れてきたら次の活動７，活動８に進みます。

【活動７】ゲーム「１拍目だけ歌って」をします。ただし今日は，ドレミ（階名）でね！　まちがえてしまったら座りましょう。

　活動６とルールは一緒です。階名唱になると歌詞唱と違い，音楽経験に依るところがあるので，色で○をつけた階名の楽譜など用意しておきます。

【活動８】ゲーム「カードの音は，歌っちゃ，やぁよ」をします。引いたカードの音は，歌わないかわりに手拍子をしましょう。まちがえて歌ってしまったら座ってください。座ってしまった人も，座りながら参加しましょう。

　活動８の前に写真のような楽譜付き階名カード，「ドレミファソラシド」８枚を用意しておきます。なお，「春の小川」でファの音は登場しませんが，ファも用意しておきます。

　この階名カードを１枚ずつ引き，禁止音を指定します。禁止音になった音は，歌わずに手拍子をします。次にもう１枚カードを引き，禁止音を２つにして歌います。次にまたもう１枚カードを引き，禁止音を増やしていきます。ゲームの最後には，全部，手拍子になるというルールです

（各段とも、くり返しのリズムなので、ゲームの最後に全部手拍子となると気持ちがよいです）。初めは教師がカードを引くようにしますが、活動に慣れてきたら児童にカードを引いてもらうのもよいでしょう。

　この活動8では、カードを引く順番に気を遣うようにします。ランダムにカードを引くと見せかけて、初めて引く1枚目のカードは、シがよいでしょう。シは、1回しか登場しないからです。そのあとは、ランダムにカードを引くのでよいのですが、おさえる点は、以下。

・「ファ」を引いた場合

　楽譜を見ながらおおげさにファを探しながら「春の小川」には、ファが使われていないことを共有します。

・「ド」を引いた場合

　低いドと高いドの区別をおさえます。同じ階名でも音の高さが違うこと、楽譜では上に玉が行くと高い音になることを共有します。

5　最後に

　以上、ご紹介した活動を通して、音楽的な見方・考え方に触れながら、音楽の活動量も確保できると思います。授業の最後には、もう一度、歌詞で「春の小川」をきちんと歌い、まとめとします。

髙倉先生のちょっと一言

　すばらしい実践ですね。第一に、教師の教材の見方・考え方が確かなので、指導内容が明確になります。第二に、松長先生の子どもに対する見方・考え方がすばらしい！　伝えたいことをストレートに教えるのではなく、ゲーム性を取り入れながら音楽そのものの活動量を豊かにしているところが、3年生の発達段階にぴったりと合っていると思います。授業で子どもが集中して楽しんでいる様子が目に浮かびます。私もやってみようっと！

歌唱　器楽　音楽づくり　鑑賞　その他

2 後藤朋子 先生 伝授！

初めての合唱。丁寧に，丁寧に，子どもに接してこそ！

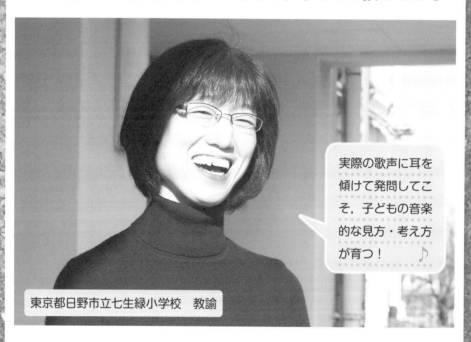

実際の歌声に耳を傾けて発問してこそ，子どもの音楽的な見方・考え方が育つ！♪

東京都日野市立七生緑小学校　教諭

目指す授業づくり ◆◆◆◆◆◆◆◆◆◆

　音楽や友達の表現を聴いて，何かに気付いた時の「あっ！」という顔，声が合わさっていることを感じながら歌っている顔が大好き。きっとその時は，子どもの頭と耳がフル回転。そして心がワクワクしたり，あったかくなったりしている！そんな授業を目指すために，まずは子どもをよく見ること。顔もですが，心を。そしてどんな切り口で授業をするか，どう発問するか，一生懸命考える。子どもに何が積み上がっているかを，時々上から見る。活動ありきにならないように，題材が終わった時に，何が子どもに残っているのか，子どもの立場になって授業を組み立てていきたいと思っている。

歌唱と鑑賞 の 見方 考え方

　歌声の重なりは，「かえるのがっしょう」の輪唱，「大きなうた」のおいかけっこなど，幼少期から少しずつ経験していることでしょう。楽しい歌だなと思っていたことが，この題材でどのように音が重なっているのか理解し，「なるほど面白い！」と心が動き，実際に歌えるようになった時に，「合唱」という概念が生まれるのではないでしょうか。同時に鑑賞の活動を組み込むことで，これからご紹介する2つの曲に共通する「音の重なり」などの音楽の仕組みを理解し知識が習得されます。そして鑑賞での"わかると楽しいなぁ，ワクワクするなぁ"という気持ちは，"自分ももっとこう表現したいな"という表現への意欲の高まりとなり，スパイラルに音楽的な見方・考え方が深まっていくと考えています。

本題材のアウトライン♦♦♦♦♦♦♦♦♦♦♦♦♦♦♦♦

　4年生を対象に，旋律の「かけあい」と「重なり」という曲の構造に気付き，そのよさや面白さを感じ取って聴いたり，合唱したりする題材をご紹介します。
　表現「飛べよツバメ」では，初めて二声部で歌う学習なので，声によるかけあいと重なりが表現できるよう，段階を追って学習を進めます。鑑賞「アラホーンパイプ」では，演奏に合わせて絵カードを操作したり，体を動かす活動をしたりし，かけあいと重なりのよさや面白さを感じ取れるようにします。
　「なるほどわかった」「歌えた！」という手応えをつかむことで，音楽的な見方をもって考えたり，判断したりする力を付けて欲しいと考えています。

| 歌唱 | 器楽 | 音楽づくり | **鑑賞** | その他 |

"初めての"かけあいと重なり

鑑賞曲のかけあいと重なりを，みんなで楽しく動きます。感覚で掴んだことが，歌にスムーズにつながるところが，ポイントです。

教　　材：表現「飛べよツバメ」　鑑賞「アラ ホーンパイプ」
対象学年：4年生
取り上げる主な〔共通事項〕：ア　旋律，音の重なり
　　　　　　　　　　　　　　イ　呼びかけとこたえ，変化

1 「飛べよツバメ」と「アラ　ホーンパイプ」について

　親子のつばめが登場するこの歌は，春から夏への爽やかな時期に歌いたいですね。学校の帰り道，つばめを見付けて，歌っていた子がいました。今習っている歌を，音楽室から出て，日常の生活の中で口ずさんでくれるのは嬉しいことです。そして，かけあいと重なりの2つの要素をもったこの曲は，この題材にぴったりです。また，同じ要素をもった「アラ　ホーンパイプ」は，バロックの格式高い曲ですが，旋律が親しみやすく，これもいつまでも鼻歌を歌いたくなる名曲です。

> 表現「飛べよツバメ」　　人見敬子作詞／西澤健治作曲
> 　楽曲後半で，ソプラノとアルトが"飛べよー""飛べよー"とかけ合い，最後にアルトが主旋律を歌い，ソプラノは3度上の飾りの旋律を歌う。親つばめが子つばめに呼び掛ける，心温まる歌詞に気持ちをのせて，声の重なりを感じて歌いたい。（教育出版教科書『音楽のおくりもの』4年に掲載）
>
> 鑑賞「アラ　ホーンパイプ」～組曲「水上の音楽」から　ヘンデル作曲
> 　弦楽器による主題提示の後，トランペットとホルンが明るく華やかにかけ合う。2回繰り返したのち，中間部では短調の旋律になり，また最初の部分が再現されるABAの構成である。かけ合いの部分が児童にとって分かりやすく，期待しながら楽しく聴き進めることができる。

2 "初めての" かけあいと重なり を提示する

　題材の1時間目は，題材名を提示し，何を学習するのか，どんな活動をするのか見通しをもたせます。

授業風景1

教　師：「もういいかい」「まあだだよ」ってかけあいしたよね。やってみようか（「もういいかい」「まあだだよ」を繰り返す）。

教　師：じゃあ，次は先生と同時に言ってね（同時に「もういいかい」「まあだだよ」）。

教　師：同時って他の言葉で言えるかな？……「重なり」とも言うね。

子ども：これ，前に何かでやったよね？

教　師：そう，3年のときの音楽づくりで"呼びかけっこづくり"でやったね。でも今回は，このかけあいと重なりを一つの歌の中でやったり，音楽を聴いたりします。

子ども：歌でやるんだ！

教　師：みんなだけで2つのグループに分かれて，合体させるよ。

子ども：すごい！　それは初めてだ。

教　師：では，かけあったり，重なったりすることが出てくる楽しい曲を最初に聴きましょう。

　あるクラスではこのように導入しました。「呼びかけとこたえ」と「音の重なり」という2つの音楽の仕掛けを提示します。この2つを理解することが，子どもの音楽的な見方・考え方を育むことにつながると思います。活動が楽しみで，表現したいな，聴きたいなと，題材通しての意欲をもたせたいですね。

3 「アラ　ホーンパイプ」を動いて，体で感じ取る

　トランペット，ホルン，弦楽器の絵カードをクラスの人数の1／3ずつ用意します。自分の担当したカードの出番の時に挙げる，立って演奏の真似を

する，交換して3度聴く，などいろいろなバリエーションで聴きましょう。次に全体で体を動かす活動をします。

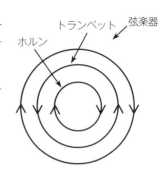

　ホルンチーム，トランペットチーム，弦楽器チームの三重円になります。

　ホルンは右まわり，トランペットは左まわり，弦楽器は右まわりで，自分の楽器が聞こえたら，拍の流れに合わせて歩きます。動いてみると，かけあいのところは，交互に動いて「お次どうぞ」という気分になり，重なりのところは，みんなが動いて一緒に楽しむことが味わえます。その後，感じたこと，気付いたことを意見交換します。

　音楽に合わせて体を動かすことで，パートの役割の理解につなげるとともに，かけあいと重なりの面白さを感じ取らせ，歌唱活動につなげます。

4　「飛べよツバメ」の 重なり を感じ取る

　「飛べよツバメ」の前半部分を歌います（譜例1）。フレーズ始めの8分休符は，一歩前に出たり，手を前に出したり，体で感じ取りながら歌いましょう。次のシンコペーションも手でリズムを打って確認します。歌の中でこうしたリズムの特徴が現れる時は，教え時！　逃さず，教えましょう。

譜例1

　次は，歌詞の内容について，好きなところやいいなと思ったところを，学習カードに書いたり意見交換したりします。すると，大切に歌いたい言葉や，のびのびと声を出したくなる言葉が見えてきます。そこで，発音の仕方や声の出し方を指導します。どのように歌いたいか，という子どもの思いを届けるために，歌う技能を身に付けるのです。

　後半始めの4小節は，3度の重なりで，フレーズの終わりは6度の重なり

です（譜例２）。

"とーベー"からは３度で重なります。各パートを手で高さを表して丁寧に教えます。すぐには音程が取れないので，３回練習しましょう。合唱の活動で子どもが嫌だと思う一つは，何度も，「もう一回」「もう一回」と言われることです。もう一回なのに何度も？！　教師にとっては何度か練習をすれば，うまくいくことが分かっていても，子どもには，どうすればいいのか知らされません。そこで……

「惜しい，あと２cm高く飛ぶとイメージして」
「今のは90点，もっと息を吸って準備して！」
「"とーベー"の，両方をよく聴いて，音の高さを確かめながら，歌ってね」
など，どのように歌うと音程が合っていくのか，イメージを伝えながら正しい音に導きましょう。１人ずつ聴いて，ほぼ合ってきたら，"合っているよ！"と合格を出します。そして，"隣の人に教えてあげて。"とすぐに広げていきましょう。"すぐ歌える子"と"すぐにはうまく歌えない子"がいるのが当然であり，だからこそ合唱は子ども同士が教え合える学びができる素晴らしい活動なのです。

合唱の活動で子どもが好きになれないもう一つのこととして，子どもたち自身が，これでいいのかはっきりわからない，ということです。音が合っていないけど，先生は「よかったです」と通り過ぎてしまう。教師としては，「今日の段階ではこれでいいよ」だったり，「これ以上やっても，打つ手がない……」だったり，……。でも，子どもたちには，先生の思う基準が伝わっていません。その瞬間，子どもたちは集中力と意欲をなくしていきます。合ってない音を，いかに楽しく，合うように教えるか，教師が勉強し続けたいものです。

歌唱　器楽　音楽づくり　鑑賞　その他

5　「飛べよツバメ」の かけあい を感じ取る

　後半残りの4小節はかけあいの部分です（譜例3）。2回のかけあいは，同じ音です。そして，自分の音を伸ばしている時に，相手の歌が入ってきます。
　"歌いながら聴く"活動が新しく入るのです。
　クラス半分ずつ歌ったら，列ごと，班ごと，2人組で，と合わせる人数を減らしていきます。だんだん自信がついたら，いよいよ，
　「1対1でやってみたい人！」
とぜひ1人で歌うチャレンジをしましょう。小さな声でも，つられてしまっても，みんなでその勇気に拍手です！　最初に歌った子たちには，
　「笑顔がよかったね」
　「歌う前の息を吸うところから，もうつばめが飛んでいたね」
　「下パートは，入るタイミングが難しいところ，上手だったね」
と称賛しましょう。そして，
　「次の勇気をお願いします！」
と。どんなに時間がかかっても，どんな声でも，大丈夫，やるぞ，と教師が腹をくくって待っていると，子どもたちは安心して歌えます。その空気が，大事だと考えています。また，手を挙げられなくてもいいのです。高学年になっても，歌える歌唱の力の根っこは，思春期に入る前に，こうした勇気をもって歌ったり，友達に認められたりする体験を積むことです。
　こうして，音が重なるって面白いな，楽しいな，と感じ取ることができます。そして重なる体験を成功させることが最終目的ではなく，その次の，自分から重なりを表現したい子どもにすることが大事です。
　二つの重なり方を理解し，それを表現する技能を得て，ちょっと歌えるようになった，その時に，
　「もっと，この曲の感じを伝えるには，どうしたらいいかな？」
と子どもたちに尋ねましょう。子どもの中に湧き上がっていたことは，口に

して，書いて，整理して，"思いや意図"として表出されます。そうして初めて，「こうして歌いたいなあ，こう工夫するといいんじゃないかな？！」と思いが膨らんでくることでしょう。

6 「飛べよツバメ」の表現を工夫し，思いをもつ

とはいえ，"あなたはどう歌いたいですか？？ 理由も書いてください。"というワークシートをいきなり渡すのでは，ちょっと間口が広過ぎるのではないかなぁと，思います。

「旋律が重なっているから，二羽のツバメが寄り添って飛んでいるように歌声もそろえて歌う」から，「わからない……」まで，いろいろな子どもたちがいます。発問や指示の仕方をあれやこれや変えましょう。

「1行に一つずつ，"優しく"，"盛り上げて"，"呼びかけるように"などのアイディアをください」

「○○な感じにしたい，を考えよう」

「強弱記号を勉強したから，記号で書いてもいいよ」

など，具体的な活動を伝えましょう。4年生なりのつたない言葉を，教師は汲み取って，整理したり，実態に合わせてどのような表現の工夫が，目の前の子どもたちが納得して歌えるのか考えさせたりします。拡大楽譜に書き込みをしてみんなで共有したり，意見交換の場をもったりしたいですね。

さて，例えば，"重なるところの声をそろえて歌うといいと思う"という子どもが願ったことに対して，

何をそろえるのか？ 教師は，どれだけ指導の引き出しを持っているか。

音程なのか？／声の出し方なのか？／タイミングなのか？／

聴き合っているのか？／気持ち？？

どのように活動させると，その工夫が生かされるか，アイディアが欲しいところです。例えば……，

①ソプラノとアルトが離れて歌い，だんだん近づける（多摩川が流れているとよく言います）

歌唱　器楽　音楽づくり　**鑑賞**　その他

・子どもの中に入るとわかりますが，自分のパートの音がよくわかります。だんだん，相手のパートが聞こえてくるので回を重ねるごとに，自信をもって歌えるようになります。音程が心配な時に効果的です。

②各パート４人ずつで歌う

・グループで歌うには，自信をもって歌える子とそうではない子を，うまく組みましょう。音の重なりや歌いだしのタイミングを揃えることに気付きます。１人ずつの音量や音色の違いにも有効です。

③一方の声部は大人数で，もう一方の声部は少人数で歌い，回数を重ねて歌い慣れるようにする

・聴く係を作ると，声量のバランスがわかります。また，ソプラノが張り切って歌い，アルトが地声になってしまう，など，声の出し方の違いがわかります。

④ソプラノとアルトの全員を向かい合わせて歌わせる

・丸くなって相手の声を正面から聴きながら歌います。自分の声が違うパートとブレンドする感じを体感できます。気持ち？は，目と目を合わせることが大きなポイントとなるでしょうか。いつも先生に向かって歌っていたら，たまにはそうしてみましょう。

7　かけあいと重なりのよさや面白さを感じ取って，表現する

　中学年で初めて取り組む合唱の活動は，実際に自分が出している音や全体の響きを感じ取ることが，わかりにくいのではないかと私は思います。歌うことを好きにさせても，合唱表現ができたと自覚したり，納得のいく重なりを体感したりするには，一つハードルが上がります。

　そこで，かけあいや重なりがうまくいった時に，どんな感じだったのか，教師がいろいろな言葉で伝えます。

　「みんなの歌を聴いていたら，一つの束にまとまっていたものが，ふわっと広がった感じがしたよ」

　「二つの旋律の表現ができたら，聴いていて２倍楽しかったよ。みんなは

歌いながら感じた？」

　音楽の時間の言語活動は，実際に体験した感覚と言葉が合致した時に，子どもの中に生きた語彙として，蓄積されるのではないでしょうか。活動の途中やまとめで，なるほど，そういうことか，と子どもの中に価値が生まれることが，音楽を好きになる素ではないかなと思います。それが，音楽的な見方・考え方ではないでしょうか。そのためには教師がシャワーのように，使って欲しい言葉，感じて欲しいこと，得て欲しい価値にふさわしい言葉を，たくさん浴びせることです。どこかで聞きましたが，教師がしゃべったこと以上のことは，子どもから出ませんと。

　丁寧に，一つ一つを積み上げましょう。そうすることで，高学年になった時に，歌う本人が何より充実し，聴く人が嬉しくなり，互いに歌は楽しいなと思う時間が生まれると考えています。

　合唱指導者としても素晴らしい活躍をされている後藤先生。私も長くお付き合いさせていただいていますが，いったい授業の中でどうやって子どもを育てているのだろうと常々思っていました。「どの言葉を使って，どのように言葉をかけたら子どもに響くのか」「いつその言葉をかけるのか」に，後藤先生は細心の注意を払っていることがよくわかりました。音楽があって，そこまで子どもを引っ張り上げるのではなく，子どもと一緒に歩きながら，そっと背中を押すようにみんなで手をつなぎながら音楽を楽しむ。そこに広がる声が重なり合うことに「快」を感じる子どもたちの姿が見えるようです。子どもの「見方」というよりは，子どもを見る「眼差し」の温かさを感じるなぁ！

歌唱 器楽 音楽づくり 鑑賞 その他

3 西村美紀子 先生 伝授！

歌唱共通教材を消化試合にしない！

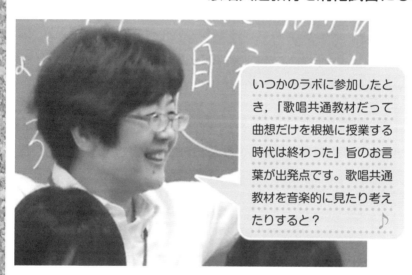

いつかのラボに参加したとき，「歌唱共通教材だって曲想だけを根拠に授業する時代は終わった」旨のお言葉が出発点です。歌唱共通教材を音楽的に見たり考えたりすると？ ♪

千葉県印西市立小倉台小学校　教諭

目指す授業づくり ◆◆◆◆◆◆◆◆◆◆◆◆◆◆◆

　年度初めのオリエンテーションで必ず「学校でどうして音楽を学習するの？」という話をします。イチロー選手は野球，ゾロリの作者さんは本…というように，先生は何か一つ自分を表現できるものをもってほしい。そして音楽でもそれができるから，先生はみんなに「楽しく・美しく」音楽を教えていくよ。中学校の先生はもっと美しくを教えてくださるよ，というように。
　公立の子ども達はみんながみんな演奏家を目指す訳でもなく，ピアノを習っている訳ではなく…。普通の子ども達が授業の中で「？」と立ち止まって取り組み，最後に「！」となるような学びを楽しむ授業を日夜企んでいます。

歌唱共通教材 の 見方 考え方

　「歌唱共通教材」はよさや美しさ，世代を超えて歌う楽しさを共有できると感じる一方，教えっぱなしにして「おうちのお母さんも担任の先生もプールのコーチもみんな子どもの頃に習っているから一緒に歌っていらっしゃい！」とか「GWに田舎のおじいちゃんとおばあちゃんと歌っていらっしゃい！」と，「教えた（触れた）」事実だけを自分に言い聞かせる消化試合になってしまっていた頃もありました。しかし，それぞれを音楽的な見方・考え方で改めて見直してみると，どの曲も子ども達に「？」を持たせることのできる（主体的に取り組ませることのできる）糸口を見つけられました。例えば，4年の「さくらさくら」は子ども達に琴柱を立てさせて演奏させたり音楽をつくらせたりしましたが，必ずそれ以外のことを始める子が出てきます。「先生，お琴で『ゴジラ』が弾けるけど何か変」そのことをきっかけにクラスで考えることで「『さくらさくら』にはレとソがない！」と発見する。「まきばの朝」では「なぜ右のページ（後半部）は氷川きよしっぽいの？」という疑問から「『まきばの朝』の右のページにはファとシがない！」「あっ『とんび』もだ！」というように。…歌唱共通教材を意味ある試合にしていきましょう！

本題材のアウトライン ◆◆◆◆◆◆◆◆◆◆◆◆◆◆◆

　5年生に「こいのぼり」を指導するとき，必ず子ども達は「あぁ先生，『屋根より高い…』でしょ？　知ってるよ，幼稚園で歌ったよ！」と新たに教えてもらわなくても大丈夫と言わんばかり。そもそも鯉のぼりも泳いでいない・橘も香らないニュータウンでこの子達にどのようにこの歌のよさを伝えるか…と頭を絞って授業をつくりました。
　思いついたのは「コイノボリ」との比較です。5年生の「こいのぼり」は躍動感あふれる元気な曲，一方，幼稚園や保育園で歌った「コイノボリ」はゆったりのんびり。でも作曲者の示した速度の指定を見ると「こいのぼり」の方が遅くなっている！　この事実に子ども達の頭には「？」がうかんで音楽的な見方・考え方を働かせて考え始めました…。

歌唱　器楽　音楽づくり　鑑賞　その他

子ども達に「？」「！」をもたせる「こいのぼり」の歌唱授業

おすすめ
ポイント
躍動感あふれる「こいのぼり」の方が実は遅い！？　幼稚園で歌った「コイノボリ」と比べて歌って，よさに迫ります。

教　　　材：「こいのぼり」（文部省唱歌）「コイノボリ」（エホンショウカ）
対象学年：5年生
取り上げる主な〔共通事項〕：リズム，速度，旋律，拍

　高学年になったばかりの子ども達。担任の先生方から「これからは6年生と一緒にこの学校を支えていくんだよ」等とカツを入れられてくるものの，そこはまだまだ4年生に毛の生えた程度。女の子達はそれなりにお姉さんな子もいますが，男の子の中には「君はまだまだ3年でもいけるよ」的な子もたくさんです。とは言え，年度末の卒業式には在校生代表として式歌を歌ってもらわねばならず，最初の題材では学年でひとつにまとめあげる第一歩の合唱を一曲。4月は行事行事で何回も授業がとれないので，あっという間に教科書の「こいのぼり」のページがやってきます。

1　まずはオーソドックスに「こいのぼり」を教える

　この頃は立派なこいのぼりを庭先にあげる家も少なくなってきました。1時間目はそれでもマンションのベランダにちょいちょいメザシのようなこいのぼりがあげられていることなどを話題にしながら，範唱を聴いたあと，教科書の写真を眺めます。平成27年度版の教育出版の教科書の写真はとてもよいショットで，1番の「甍が波になっている様子」「雲の波　重なる中空」「高く泳ぐや　こいのぼり」がよく理解できるように撮影されています（少し合成っぽいところもあるけれど）。住宅街はあってもスペイン風の戸建て住宅がたち並ぶ本校にとってはありがたい限りです。
　「橘はひな人形にも飾ってあったね」などと話しつつ，「今年はあそこに大きなこいのぼりがあがっているよ」と情景想像につとめます。2番の歌詞は

先生の出番です。♪開ける広き　その口に〜と歌いながら，船を飲み込もうとするこいのぼりの絵を書いていきます（余裕があるなら，パワーポイントをつくっておいても楽しいかもしれません）。3番はなおさらです。滝を上り詰めたら竜に変身してしまう，「鮭は川を上ったけど，今度は滝？　それは最強」2年のときに国語で読んだ「さけが　おおきくなるまで」の説明文や教室に作られたスズランテープの川とつながってきます。

　歌詞の世界を感じ取れたら，次はメロディーです。後藤朋子先生の講座で初めての曲を教える際に，「1回目は楽譜を見ながら範唱を聴く。2回目は隣の人に聴こえないくらいの声で歌う。3回目からは普通に歌う」という指導法を教えていただいてから，そのように教えています。「楽譜を見ながら」を繰り返していくことは，楽譜を見る力・果ては読譜力にも大きく影響してくるものと考えています。

2　子ども達に「？」をもたせる

　他の常時活動と組み合わせて，の2時間目です。「こいのぼりと言えば，みんながよく知っているこいのぼりの歌があったよね」とふってみます。「待ってました」と言わんばかりに，あちらこちらから♪屋根より高い　こいのぼり〜と歌声が聴こえてきます。すかさずピアノで伴奏を始め，最後まで歌い終えさせます。その後，2曲の楽譜を提示します（私は書画カメラを使っています。拡大コピーを毎クラス用意する必要もなく，書き込みしたものも保存しておくこともでき，とても便利です）。子ども達にそれぞれの曲はどんな感じがしたか，聞きます。すると大体，次のようにわかれました。

　　コイノボリ（屋根より高い〜）：**ゆっくり，のんびり，ワルツ**
　　こいのぼり（甍の波と〜）：**速い，力強い，元気，何を言ってるか難しい**

　それぞれの感想を認めた上で，子ども達に速度についての情報を伝えます。私の持っている堀内敬三・井上武士編『日本唱歌集』（岩波文庫）ではコイノボリの速さは♩=120，そして教科書のこいのぼりの速さは♩=96ぐらい，つまりこいのぼりの方が速度は遅いのです！

3　子ども達に話し合いの中から「！」を見つけさせる

　子ども達はザワザワです。どうして？　こいのぼりの方が速かったじゃん！

　私はこの「？」をねらいました。

〈参考〉『日本唱歌集』岩波書店

　音楽科でも毎時に学習問題を立てましょう，と言われます。ただ，音楽科の学習問題には？が含まれず，「～をしよう」という学習課題が多いように感じてきました。？が含まれない課題に対してすべての子ども達が主体的に取り組めるか，と言うと難しいように思います。毎時深い学びが展開され，例えば歌唱の表現にむけてすべての子ども達が主体的に取り組んでいる達人の授業なら可能かもしれませんが，私の指導はその域まで至っていません。「音楽が終わったら給食だな」なんて頬杖ついているような受け身の子が目を輝かせて取り組むような学習問題をたててやりたいのです。

〈参考〉『音楽のおくりもの』教育出版

速さの遅いこいのぼりを5年○組が速く感じたのはなぜだろう

　ここで1人ずつに考えを持たせます。考えを見えるようにしておきたいので何かに書かせたいのですが、作りこまれたワークシートよりも思考ツールとして百円均一のお店で売っているようなB5版ほどの大きさのホワイトボードにメモ程度にラフに書かせる方がいいかもしれません。そこに自分の考えを書かせます。(ホワイトボードはワークシートより大きく書けるため、対話的な学びの際に有効であるように思います。また、黒板に磁石で貼ったり移動したりも容易なため、学級での共有もしやすいです。難点は思考の過

| 歌唱 | 器楽 | 音楽づくり | 鑑賞 | その他 |

程が残らないことで，代わるものとしてスケッチブック状のものにサインペンで書かせる方法も考えています。）

　子ども達のホワイトボードには次のような言葉が並びます。

　音が高いから，滝をのぼるから，声，高くなるメロディーだから，リズム

　これらは正解のもの，問い直してやれば正解に近付くもの，全くの勘違い，すべてがごちゃごちゃになって出てきます。ここでは勘違いでも何でも，書けていればよし，という評価規準です。

　続けて小グループで話し合わせます。ここでは1時間で解決までもっていきたい学習ですが，グループ内で歌って確かめるという音楽との往還もさせつつ短時間で切り上げます。友だちの考えから「あぁ，そういう視点（子どもは視点なんて意識しないけれど）からも考えられるんだ」と学べばOKにします。ここでグループをまわって，どこに正解や正解に近い答えがあるのか，把握しておきます。

　最後に先生の出番です。「滝をのぼるから」などの答えには「1番の歌詞でも速く感じたね」などとして歌詞から旋律に意識を向けさせたり，「声」と音色で答えた子どもには，大げさに音色を変えて歌ってやり，それでも速く感じることには変わりがないことを知らせたりします。ただ，音色から感じ取るものにはたくさんのものがあるので，良いところに気付いたという価値づけは忘れずにします。そして

・音が高くなっていくメロディーが上へ上へと進む感じを出させて，速い感じを生んでいる
・タッカのリズムはスキップのリズムだからはずむ感じ　＋前へ前へと進む感じを出させて，速い感じを生んでいる
・3拍子は，3拍を1つの単位として横に揺れる感じ（船が横揺れする感じ）だから，ゆったり感・大らか感がある　　　　　ことを確認してから，

> 速く感じるメロディーとリズムが工夫されていたし，幼稚園の方は3拍子だったから

等とまとめ，全員で歌唱して授業を終えます。ただ，2時間歌っておしまいでは定着もかなわないと思うので，スキップしながら口ずさむ等の活動を常時活動で続けます。平成29年度の実践では学校の活動に背を向けがちな男の子が「ちょっと三代目 J Soul Brothers の R.Y.U.S.E.I. に似てるかも」とつぶやいていたのが印象的でした。あのランニングマンのステップのリズムと似ているものを感じ取ったようでした。

おまけ　音楽の見方・考え方を総動員！～6年で「冬景色」再び

　5年の3学期に出てくる「冬景色」はその時に扱えずに終えてしまったので，6年の「おぼろ月夜」の学習の際，再び取り上げました。総則の中の「生涯にわたって能動的に学び続ける」という文言を少し意識しながら行ったこの実践では，子ども達がこれまでの小学校生活で学んできた音楽の見方・考え方を総動員して考え，学級を二分して侃侃諤々（かんかんがくがく）としました。歌唱表現にあまり意欲的でなかった男の子が「この問題，おっもしれー！　もっとやりてぇー！」と言いながら教室に帰って行った実践です。最後におまけでこの実践を紹介します。

　「おぼろ月夜」は言うまでもなく高野辰之作詞・岡野貞一作曲の名曲です。ここでも1時で教科書の情景写真や八六の歌詞のリズム，旋律のリズムや反復等からよさや美しさを味わい，強弱を工夫して歌唱する，オーソドックスな展開をします。続く2時間目で，次のような発問をしてみました。

> 　高野辰之さんと岡野貞一さんの曲，みんなはこれまでにも歌ってきているよ。覚えてるかな？

　そう告げて，これまでに歌ってきた高野・岡野楽曲を次々に提示します。1年では「ひのまる」（ここでは「えー，覚えてなーい！」という声が多く聞こえます。世界の国旗がたくさんならんでいたあのページ，担任の先生方，はしょっちゃったのかな？），2年の「春がきた」，3年の「春の小川」，4

歌唱　器楽　音楽づくり　鑑賞　　その他

年の「もみじ」，そして6年では「おぼろ月夜」。…あー覚えてる覚えてる！という子ども達に次のように言います。

> でも5年の教科書に出ていた冬景色の曲については，高野辰之作詞・岡野貞一作曲だ…という人と，二人の作品ではないんじゃないか…という人と，意見が分かれているようだよ。みんなはどちらに賛成する？

　ここで子ども達は改めて高野・岡野楽曲のよさや特徴を口ずさみながら振り返りました。子ども達から出てきた二人の特徴は以下のとおりです。
・歌詞にリズムがある（ひのまるは7，春がきたは5，春の小川は75，もみじは7で最後だけ5，おぼろ月夜86）
・歌詞は日本の昔のいなかのけしきを歌っている
・メロディーも同じリズムをくり返しているけれど，3段目は変えていることが多い
・ゆったりとした感じの曲

　それらを持ち寄り，二人の作品だと思う派と二人の作品ではないと思う派が理由を黒板いっぱいに貼られた楽譜を示したり，言葉で足りないところは口ずさみながら音楽で示して話し合いました。例えば

> 　冬景色の歌詞は65のリズムでくり返すところがおぼろ月夜と同じだから，二人のペアの作品だと思います。♪ただ水鳥の声はして〜　の一か所だけ75になっているけれど，もみじの曲だってずっと7のくり返しじゃなくて最後の♪すそもよう〜　のところだけは5にしちゃうこともあったから，冬景色の作詞は高野辰之さん作詞でいいと思います。

というふうに。一方，二人の作品ではないと思う派にとっては，例外が許せないらしく，同じ根拠をもってきて「だから違う」ということになっていました。また，途中，岡野貞一さんはゆったりした曲をつくる人だから，冬景

色も二人の作品だ，という流れで決着しそうなときには，

> 　ちょっと待った！　先生の本（前出の『日本唱歌集』）には岡野貞一さんの作曲として「桃太郎」が載っているよ。♪もーもたろさん，ももたろさん～（と私が２拍子の拍の流れにのって８分音符を刻んで歌い出して示し），この桃太郎さんもゆったりした曲と言える？

と新たな考える材料を提示しました。話し合いは尽きず，それぞれの派がそれぞれの思いをもちながら歌って授業はおしまいとしました。

　６年で「冬景色」再び，の実践では，既習の高野辰之作詞・岡野貞一作曲の曲を振り返らせ，リズム・速度・旋律・調・拍・フレーズや反復・変化等の〔共通事項〕から捉え，考え続けさせるきっかけをつくりました。この学習を終えた子ども達が高野・岡野楽曲についての自分の考えを持ち，その後に出あう様々な曲についても，そのような見方や考え方を働かせて考え続けていけたら嬉しいです。

〈参考文献〉
鮎川哲也『唱歌のふるさと　旅愁』音楽之友社

髙倉先生の
ちょっと
一言

　西村先生の，教材の見方・考え方が面白いですねぇ。歌唱共通教材の料理法に困っている先生は少なくありません。でも，音楽との付き合い方はさまざまに存在します。この実践はその好例だと思います。歌唱教材なんだけれども，楽譜を読み込む，分析的に見る，作詞者や作曲者にフォーカスして考える……。そうして音楽を理解していくことを楽しむ。このような学習がきっかけとなって，歌唱との向き合い方が豊かになっていくのだと思います。音楽に関する「知識」の位置付けについて一石を投ずるインパクトがありますねぇ！　面白い！

歌唱　器楽　音楽づくり　鑑賞　その他

4 山上美香 先生 伝授！

聴き方を明確にすると，子どもたちのアイデアがあふれます！

「音・音楽を聴く」に対する見方・考え方を明確にしておくことが大切。そうすることで，子どもたちが生き生きと楽しく表現できることに，つながります！♪

香川県高松市立花園小学校　教諭

目指す授業づくり ◆◆◆◆◆◆◆◆◆◆◆◆◆◆

　音楽の授業では，すべての子どもが本来の子どもにもどって笑顔で音楽を楽しめる時間にしたい，と考え授業研究している。子どもたちは，いろいろな心の状態で音楽室にやって来る。「音楽，大好き♪」「早くみんなと一緒に，たくさん歌を歌いたい！」というルンルン気分の子どももいれば，友だちとけんかをしていらいらしていたり泣いていたりする子どももいる。でも音楽室に入れば，音の世界♫思いっきり音楽を楽しんでほしい。友だちと一緒に歌うことで，笑顔いっぱいになってほしい。そして，自分の心を音で表現できるようになってほしい。そのために，私自身も明るい笑顔で子どもを出迎え，子どもたちと一緒に音楽を楽しむ。さらに，一人一人の子どもを大切に見ていき，子ども自身が気付いていない能力を引き出していきたい。

音・音楽を聴く の 見方 考え方

　「音楽の授業では，よく聴くことがとても大切です」この言葉は，どの先生も言われる言葉だと思います。では，「よく聴く」というのは，どのような聴き方をすればいいのでしょうか？　曲を聴いた後，子どもたちに「よく聴けた人！」と声かけすると，必ず（特に低学年は）「しっかり聴けたよ！」と答えます。「じゃあ，どんなことを聴いたのかな？」と尋ねると，「えっと……」と明確に答えられないことがあります。それは，「聴く」ということが，漠然としすぎているからではないでしょうか。

　私は，「聴く」時には〈感じたこと〉〈気付いたこと〉の2つに着目することが大切であると考えています。<u>〈感じたこと〉とは，音楽を聴いて思いうかんだ気持ちや風景・色などのことで一人一人違っていていいもの</u>，<u>〈気付いたこと〉とは，音楽を特徴付けている要素や音楽の仕組みのことで，みんなが同じように分かるものであり一緒に確認できるもののこと</u>です。この見方・考え方を教師も子どもも共通の言葉として認識しておくことで，子どもたちは素敵なアイデアをどんどん発揮し音楽的な能力育成につながります。

本題材のアウトライン ◆◆◆◆◆◆◆◆◆◆◆◆◆◆◆

　2年生の教科書に載っている「かえるのがっしょう」の学習について紹介します。ここでは，「階名唱に慣れ，楽器で旋律を演奏して楽しむ」という題材目標が設定されています（教育出版指導書より）。私は，ここからさらに進んで，「自分たちが考えた『〇〇〇かえるのがっしょう』をつくろう！」というテーマをもち学習を進めています。

　ここで効果を発揮するのが，常時活動として行っている"リズムあそび"です。いろいろなリズムやさまざまな高さ・強さの音色を聴いて，しっかりと体を動かす"リズムあそび"を経験していることで，子どもはどんどんイメージをふくらませ音楽的な表現の工夫をしていきます。

歌唱　器楽　音楽づくり　鑑賞　その他

リズムと音色でお話ししよう！
～「○○○かえるのがっしょう」をつくろう～

おすすめポイント

常時活動として行っている"リズムあそび"を関連させます。音をよく聴いて自分の体でリズムや音色などを体感していることが，「いろいろな　かえる」に聴こえるように表現を工夫していくことにつながります。

教　　材：「かえるのがっしょう」（岡本敏明 作詞，ドイツ民謡）
対象学年：2年生
取り上げる主な〔共通事項〕：リズム，音色，強弱

1　よーく音を聴いて，動こう！"リズムあそび"って，おもしろい♪

　子どもたちは，動くことがだーい好き！　特に低学年の子どもたちは，音楽が聴こえてくると自然に体を動かし始めます。その時の子どもたちは，にこにこ笑顔が満開です。そこで，授業の始めはいつも"リズムあそび"から始まります。この活動をすることで，心も体も音楽一色に染まります。

〈こんな"リズムあそび"をしています〉

　子ども一人一人に5枚のリズムカードを渡します。私がピアノで弾く「きらきら星」の曲に合わせて子どもたちは動きます。その時に大切なことは，2つ。①音楽をよく聴いて，どんなリズムで弾いているかに気付くこと。②そのリズムと全く同じように足を動かすことです。

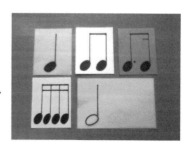

　例えば，♩で演奏していれば♩のリズムで歩きます。♫のリズムになれば，スキップのようになります。そして，4小節弾き終わったところで，「タン」や「タッカ」とリズムを言いながら，持っているリズムカードを頭上に高く上げます。（ここで注意することが，1つあります。最初から5つのリズムは使わないことです！　まずは，♩と♫の2つから始めます。♩と♫が全員

にしっかり浸透してから,新しいリズムを1つずつ増やしていきます。あわてないで,じっくりリズムとあそばせることが大切です。)

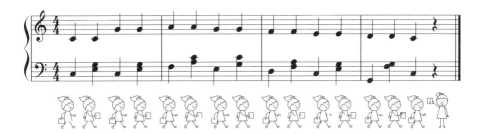

　体をしっかり動かしながら行う"リズムあそび"は,子どもたちに大人気です。ピアノの演奏をよく聴き,何のリズムか気付いて同じリズムで動くことで,リズムが子どもの心の中にしっかり浸透していきます。

　リズムを聴き取ることに慣れてきたら,同じリズムで音の高さや強弱を変えてピアノを弾いてみます。すると……。子どもたちは足のリズムは同じですが,体を小さくしたりいつもより大きな動きになって元気よく動いたり……と体の動かし方が変わります。

　ここで大切なことは,どうして動き方を変えたのかを尋ねることです。

　例えば,高音で♫♫のリズムで弾くと,ほとんどの子どもが小さくなって,ちょこちょこ歩いています。

Chapter 2 「見方・考え方」を働かせた題材アイデア10　53

| 歌唱 | 器楽 | 音楽づくり | 鑑賞 | その他 |

> 「あらら？　どうして小さくなったの？　どんな感じなの？」

と尋ねると，「ありみたいだよー」「あかちゃんみたいだよ」という声が。
　ここで終わらずに，次の声かけが大切になります。

> 「どうして，ありみたいって思ったの？」

　「♫♫のリズムを使っているから，ちょこちょこ歩いているみたいに聴こえたんだよ」
　「音が高くなってるから，小さいありみたいだなぁ……って思ったよ」
　「ありみたい」というのは〈感じたこと〉，「♫♫のリズムだった」「音が高かった」というのは〈気付いたこと〉になります。子どもたちは，意識せずに〈感じたこと〉と〈気付いたこと〉を関連させて動いているのです。
　ですので，ここで私が「♫♫の細かいリズムと高い音があるから，ありみたいなんだね」と声かけすることで，子どもたちにも「リズムや音色を変えることで，いろいろな感じを表すことができる」と意識付けることができるのです。
　この"リズムあそび"は，打楽器だけでも行うこともできます。

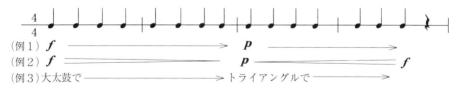

　強弱を変えたり，前半の8拍分は大太鼓・9拍目からはトライアングルに，と楽器を変えたりするのもおもしろいです。子どもたちは，さっと動きを変えます。その動きの変化は，本当に本当に素晴らしいです。さすが発想豊かな子どもたちです！　ぜひ，一度お試しください。

2 「かえるのがっしょう」を鍵盤ハーモニカでふいてみよう！

「かえるのがっしょう」は，どの子どももよく知っている曲です。「ドレミファミレド♪」と歌い始めると，「鍵盤ハーモニカでも，弾けるよー！」といううれしい声も出ます。そこで……

> 「本当に弾けるのかな？　じゃあ，透明鍵盤で，弾いてみよう！」

と声かけして，右手を上に上げて鍵盤ハーモニカを弾く真似をします。（子どもは右手を上げますが，私は左手を上げて子どもが指を確認しやすいようにします。弾くことが苦手な子どもも，安心して指を動かすことができます。）

「ドレミファミレド♪」と歌いながら，指も同時に動かしていくと……。2段目の「ミファソラ……」の所で，混乱する子どもがちらほらいます。親指を右横にずらして演奏する所で，？？？となるのです。教科書（教育出版）には，「①の指をずらす」と書かれてありますが，私はこんな言葉を使います。

> 「親指が，2つとなりに引っ越しするよ」

子どもには，「ずらす」という言葉より「引っ越しする」という言葉の方がよく分かるようです。また，「引っ越しする」という言葉の方が，なんだかわくわく楽しい気持ちになりますよね。「引っ越し」が確認できたら，本当の鍵盤ハーモニカに挑戦です。透明鍵盤を使ってみんなで指遣いを一緒に練習しているので，自信満々です。上手に弾けると「ちゃんと，引っ越しできたー！」と，たくさんの笑顔が音楽室中に広がります。

全員が弾けるようになったら，私の歌うかえるに聴こえるように，3・4段目を工夫して弾いてもらいます。例えば……。

| 歌唱 | **器楽** | 音楽づくり | 鑑賞 | その他 |

> ♪「ねむたいかえるのうたが　きこえてくるよ」

すると，子どもたちは弱い音で少しゆっくりめに演奏します。次に，

> ♪「大声のかえるのうたが　きこえてくるよ」　　と歌うと……。

　元気いっぱい強い音で演奏します。私は，「強弱を変えようね」とは全く言いませんが，子どもたちは自分で想像してイメージをふくらませて強さを変えて演奏します。続いて……。

> ♪「あかちゃんかえるのうたが　きこえてくるよ」

　「えっ，あかちゃん？？」子どもたちは一瞬とまどいますが，自由な発想をもつ２年生の子どもたちです。すぐに，こんな声が出てきます。
　「高い方の音で弾いたら，あかちゃんみたいになったよー！」
　こんな言葉が出るのは，やはり"リズムあそび"で「音をよく聴き，〈感じて〉〈気付いて〉動く」ことを体感しているからだと思います。
　こんなことを続けていると，子どもたちの方から自然に
　「自分で考えたかえるで，弾いてみたい！！！」
という声が出てきます。こうなれば，ばっちり！「自分で考える」ことにスムーズにつながっていきます。

3　自分たちで考えた「○○○かえるのがっしょう」にしよう！
　　〜リズムと音色でお話ししよう！〜

　子どもたちは，「自分で考えたかえるでつくる」ことに大喜びしますが，「じゃあ，どんなかえるにすればいいの？」「どうやって，弾けばいいのかな？」と，？？？の子どももいます。そこで，「さっき，〔ねむたいかえる

の時は，どうやって弾いたの？」と問いかけます。すると「弱い音で弾いた」
　「じゃあ，〔あかちゃんのかえる〕の時は？」と聞くと「高い音で弾いた」と答えます。ここで，【強さを変える】【音の高さを変える】という視点が出ます。続けて，「他に，どんなかえるが考えられるかな？」と聞くと，「楽しくおどっているかえる」「ねているかえる」「走っているかえる」など，次々いろいろなかえるが出てきます。そこで……。

> 「走っているかえるにするには，どうすればいいと思う？」

　「えっと……，走る？？？」と首をかしげますが……。走る動きをする子どもがちらほら出てきます。

> 「その場所で，走ってみたら分かるかもよ……。」

　すると，子どもたちは足を細かく動かします。

> 「その足の動きは，どのリズムかな？」

と言いながら"リズムあそび"で使っているリズムカードを示すと，「♫♫タカタカだー！」と，大盛り上がり！「かえるのがっしょう」のメロディを，♫♫に変えて弾きながら，「ほんとに走っているみたい」と大喜びします。ここで，【リズムを変える】という視点につながります。
　ここからは，子どもの自由な発想にまかせます。「かえるのがっしょう」の1～4段目までのすべてを，自分たちで考えたかえるの音楽に工夫していきます。〔リズム〕〔音色〕という2点は必ず考えることと，「どうしようか迷ったら，動いて確かめてもいいよ」と一言アドバイスをしておきます。

歌唱　器楽　音楽づくり　鑑賞　その他

【4人グループで考えた例】

① あかちゃんがえるが，2ひきねている。
　　使うリズムは，♩
　　高い方の音で弾く。
② 大人がえると子どもがえるが，いっしょに走っている。
　　使うリズムは，♫♫
　　大人がえるは低い音，子どもがえるは高い音で弾く。
　　低い音で弾く人は2人，高い音で弾く人は2人。
　　4人いっしょに弾く。
③ あかちゃんがえるが，20ぴきでスキップしている。
　　使うリズムは，♪
　　高い音で弾く。
　　1人→2人→3人→4人と，順番に増えていく。

【つくった後の，子どもの気付き】

・リズムや音の高さを変えると，いろんなかえるの音楽になってびっくりしたよ。でも，とっても楽しかったなぁ。
・ちがう音の高さでいっしょにひくと，かえるのようすがよく分かるなぁ，と思ったよ。
・ひく人数を順番にふやすと，かえるがたくさんふえてくる感じがよく分かった。順番にへっていったらどうなるのかなぁ……。
・リズムを変えるだけで，いろんな感じになるのはふしぎだなぁ。音楽って，おもしろいなぁ。
・ほかの曲でも，いろいろやってみたいなぁ。

子どもたちが考えたものを聴くと，〔リズム〕〔音色〕だけでなく〔音の重なり〕や〔速度〕などの新しい視点も入っていました。自分たちのイメージをふくらませ，体を動かして考えたり実際に鍵盤ハーモニカを弾いて聴き比べたりして，「自分の考えたかえるがよく分かるようにするには，何をどう工夫すればいいか」をしっかりと考えています。「音・音楽を聴く」の見方・考え方が子どもの中にもきちんとあることが，音楽表現の工夫につながっていると思っています。

♪最後にひと言メモ♪
　体を動かす"リズムあそび"は，内容をどんどん進化することができます。私は，5パターンで行っています。少しずつレベルアップしたものにしていますが，子どもたちは少しずつ難しくなることが大好きです。楽しくあそんでいる感覚で行うこの活動をすることで，「しっかりと聴く力」が身につき〈感じたこと〉・〈気付いたこと〉を関連させて考えることにもつながります。また，表現活動だけではなく鑑賞の授業にもしっかりと結びつくことができます。子どもと一緒に，音楽であそんでみませんか？

> **髙倉先生のちょっと一言**
>
> 　この10年，よく耳にするのが「思いや意図」という言葉。それは子どもが音楽表現をする際にもつべきものです。私は「こんな感じの音楽にしたいなぁ」というのを「思い」と捉え，「そのためにどういう音楽の要素を操作するのか」を「意図」と捉えて整理するとわかりやすいと思っています。山上先生の実践はまさにこのことを具現化していると思います。低学年の子どもにもわかりやすく整理して教材を料理しています。また子どもが「こんな感じ！」と言えるようなセンサーを強くするために，体で音楽を感じること，それを言葉で表すことを取り入れている点が素晴らしいと思います！

歌唱　器楽　音楽づくり　鑑賞　その他 言葉の響きを感じる活動

5 森　寛暁 先生 伝授！

言葉のもつ音の特徴に耳を傾ける！

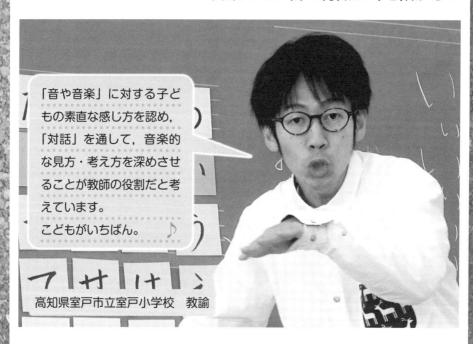

「音や音楽」に対する子どもの素直な感じ方を認め，「対話」を通して，音楽的な見方・考え方を深めさせることが教師の役割だと考えています。
こどもがいちばん。♪

高知県室戸市立室戸小学校　教諭

目指す授業づくり ◆◆◆◆◆◆◆◆◆◆◆◆◆◆◆

「やったー！　明日は音楽がある！」と時間割を書きながら話し出す子ども。「えー，もう終わり？　もっとやりたい！」と授業が終わって駆け寄ってくる子ども。「またやりたいね！」と音楽室を後にする子ども。教室に戻り，その日学習した曲を歌いながら踊り出す子ども。そんな充実感に包まれた子どもの姿が見たいと思う。そのためには，まず我々教師が子どもと一緒に音楽の授業をわくわく楽しむことが大切である。子どもが音楽を体いっぱいに感じながら楽しみ，音楽や他者（友だちや教師）との対話を通して，自己の音楽的な見方・考え方を変化・成長させていけるような授業を目指している。

言葉の響きを感じる活動 の 見方 考え方

　日本語の「言葉の響き」は，人の表情のように実に多彩で面白いと感じています。例えば，同じ「あ」でも，「喜んで言う場合」と「怒って言う場合」，あるいは「驚いて言う場合」では，響き方が全く違ってきます。さらに，ひらがなの「あ」と「う」の音の響き方を比べてみると，「あ」は広がりを感じ，「う」はすぼみを感じます。このように，文字としては全く意味がなくても，言葉に多彩な表情が出てきます。しかし，了どもは言葉を文字に表せるようになってくると，文字を正しく発声しようとするために，言葉そのものの音を感じ取ることができにくくなってきます。

　そこで，言葉そのものからえられる音の響きを感じ取ることができる「言葉の響きを感じる活動」を設定しました。ひらがな50音図の文字を唱える音遊びや即興的に音を選んだりつなげたりする表現活動を通して，言葉そのものがもつ音の特徴を「音色」や「フレーズ」，「反復」「呼びかけとこたえ」といった共通事項の視点で捉え，「言葉の響き」の面白さ，不思議さを感じ取ります。低学年ではこうした音楽的な見方・考え方の基礎を育んでいきたいと考えます。

本題材のアウトライン

　ひらがな50音図を使った音楽づくりの指導法をご紹介します。「言葉の響きを感じる活動」を音楽づくりの活動と位置づけ，大きく二つに分類します。一つ目は，音遊びの活動。二つ目は，音楽の仕組みを用いて音を音楽にしていく活動。これらの活動をテンポよく交互に行っていきます。

　指導に当たっては，言葉のもつ音の特徴に耳を傾けさせるようにし，「言葉の響き」にどのような面白さや不思議さがあるのかについて気付くようにすることが大切です。

　言葉に意味はないけど，なんだか面白い。そんな「すこしふしぎな」音楽が，子どもたちの中から生み出されるでしょう。

歌唱　器楽　**音楽づくり**　鑑賞　その他 **言葉の響きを感じる活動**

言葉の響きを感じてつくる「すこしふしぎな」音楽づくり

おすすめポイント　子どもたちがふと思い出す授業。先生方がふと気にする実践。「想像」から「創造」，「協奏」から「共創」へ。そんな全員参加の音楽づくり。

教　　材：「ひらがな50音図」
対象学年：1〜2年生
取り上げる主な〔共通事項〕：音色，フレーズ，反復，呼びかけとこたえ

1　授業デザイン

　言葉の響きを感じる活動を軸として行う本題材の全体像になります。活動の内容や共通事項との関連，活動の流れを図表にまとめています。「言葉の響き」の面白さや不思議さについては音象徴との関わりがあるでしょう。

〈イメージ図〉

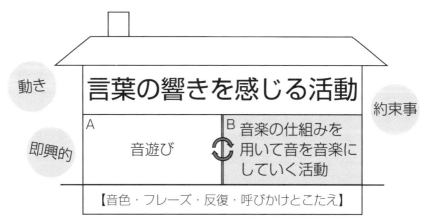

〈活動の流れ〉

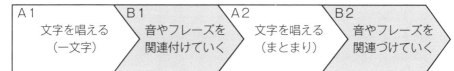

音楽的な見方・考え方

> 言葉そのものがもつ音の特徴を「音色」や「フレーズ」,「反復」「呼びかけとこたえ」で捉え,「言葉の響き」の面白さ,不思議さを感じ取ること。

ひらがな50音図の特徴

> ・低学年の子どもにとって身近なもの。
> ・文字の表ではなく,本来は,音の図であること。規則性（母音と子音の配列）のある音の図。
> ・オノマトペ（擬態語,擬声語）も扱う。

言葉そのものから得られる「言葉の響き」の面白さや不思議さの筆者の捉え

> 「あ」…三次元的な広がりがあるイメージ
> 「い」…「すーっ」と一本伸びる密度の濃い線のイメージ
> 「う」…すぼみ,固まり,漂いのイメージ
> 「え」…「べたー」と二次元的な広がりがあるイメージ
> 「お」…奥への広がりや上へ湧き上がるイメージ
>
> （例）「そ・ら」は上がって広がる「言葉の響き」を感じ,実際の「空」の広大さと繋がる。「う・み」は固まって落ちる「言葉の響き」を感じ,実際の「海」の深さを連想することができる。

2　言葉の響きの面白さや不思議さに気付かせるための3つのポイント

❶ 動き（動作化を取り入れて動きのある対話に）

　子どもの言葉は未熟で不完全なことがあります。特に語彙力が少ない低学年の子どもは,自分の感じたことをなかなか上手に表すことができません。そこで,言葉を体の動きに置き換えて（或いは動きだけで）表す場を設定し

歌唱　器楽　**音楽づくり**　鑑賞　その他 **言葉の響きを感じる活動**

ます。そうすることで，自分の感じたことをより的確に表すことができるようになり，友だちに「自分の感じる言葉の響きの面白さや不思議さ」を伝えることができるようになってきます。また，動きを取り入れることで，自分の感じ方や考え方などを一層広げることができるでしょう。動きのある対話にすることが大切です。

❷ 即興的（感じたままにやってみると……！）

　私は何か表現するとき，内面から湧き出るような感覚を大事にしたいという思いがあります。そのとき，その場の雰囲気やそのものに触発されて自然に出てくるものに新鮮さと面白さを感じるからです。音楽づくりでも同様で，あまり形式にとらわれず，感じたままにやってみることが大切だと思います。実際に音を出してみることで，様々な音の特徴に気付き，音楽づくりの発想を広げることができます。音楽づくりの可能性は無限にあります。

❸ 約束事（シンプル且つ発展性のある条件設定）

　音楽づくりで最も大切にしたいことの一つは，「約束事がある」ことです。つまり，ある一定の条件設定の下で活動を行うことが肝心で，「何でもありではいけない」ということです。そして，その条件が子どもにとって分かりやすく，どの子もが動き出せるものであることが大切です。条件は，シンプル且つ発展性のあるもの（子どもが自ら広げていけるもの）がいいでしょう。本題材では，「同じ唱え方」「くりかえし」や「文字数の制限（七五調など）」を扱い，言葉のもつ音の特徴に目を向けさせるようにします。

　上述した即興性と約束事に矛盾を感じるかもしれません。しかし，私はしっかりとしたリズムとコードの上に自由に音を紡いでいくジャズの即興演奏のように「約束事があるから即興的な表現ができる」と考えています。

　また，これらの3つのポイントの順番は，重要性や順序を示しているわけではありません。

3 授業の実際

では,「ひらがな50音図」を使った音楽づくりの実践です。実際にどのように授業を展開させるのかをご紹介します。

3−1 響き方の違いを感じるために（A1）

「言葉の響き」の面白さや不思議さを感じ取るためには,まず,言葉の響き方に違いがあることを子ども自身が実感する必要があります。そこで,次のような「文字を唱える（一文字）」音遊びをします。

　　　　教師のまねっこをして,ひらがなの「あ」を唱えます。教師はあえて抑揚なく唱え,「他の言い方ができるよ」といった発言を引き出します。そして,様々な言い方で唱えさせ,それぞれの唱え方の面白さと根拠（感じたこと）を全体で確かめます。

・「あ」は普通。「あ〜」は納得した感じ。「あっ」はビックリした感じ。
・「あ〜ぁ」は少し残念な感じに聞こえたよ。
・同じ「あ」なのに言い方が違ってなんか面白いね。

などと返ってくるでしょう。

> 確かに面白いね。同じ言葉でも唱え方が変わると感じ方が変わってくるんだね。

と言葉の響き方の違いに気付いたこととそれが<u>唱え方の違いによるもの</u>であることを伝えます。

次に,ひらがな50音図の「あ行」のみを黒板に貼ります。子どもは「あ行」を「あ」から順番に唱えていきます。ここでは,それぞれの言葉そのものからえられる音の響きを感じ取ることができるように,どれも<u>同じ唱え方</u>（長さを揃えて一定のテンポ）で行います。一つ目の約束事です。

> じゃあ,次は「あ」「い」「う」「え」「お」を唱えましょう。ただし,約束事があります。それは,どれも同じ唱え方で読むことです。唱えるときに動きを付けてもいいですよ。

- 「あ」は，手を広げながら
- 「い」は，指で口を引っ張りながら
- 「う」は，手を丸めたり，体をすぼめたりしながら
- 「え」は，手を前に出してベタベタスタンプを押すような動きをしながら
- 「お」は，腕を上に突き上げながら

などと，動きを付けて唱えるでしょう。どの言葉も同じ動きの子どもがいますが，それぞれ動きが違う子どもを見取り，感じたことを話してもらいましょう。

> 一つ一つ動き方が違った人がいましたね。どうしてかな？ 唱えているときどんな感じでしたか？ 何を想像しましたか？

- 「あ」は，明るくて元気いっぱいな感じがしたよ。
- 「い」は，少しいじわるな感じがしたよ。
- 「う」は，うんち！ なやんでいる感じ。
- 「え」は，びっくりしながら絵をかいている人。
- 「お」は，がんばるぞって感じ。

全体で共有した後，何度も何度も唱えると音の響きと体が一体となってきます。「なんか不思議。唱え方は同じなのに，それぞれ違う感じがするね」などと音の特徴に気付き始めた発言を積極的に認めます。

3－2　オノマトペができちゃった！？（B1）

> それでは，次は「あ」「い」「う」「え」「お」5文字の中から2文字を選んでくりかえしてみましょう。自分が気に入った言葉を選んでくださいね。

と投げかけ，言葉を2文字選びそれをくりかえし唱えます。「あいあい」などのようにオノマトペに近い表現が出てきて面白いです。

出てきた表現を認め，言葉の響きの面白さや不思議さについて聴き合います。そして，

> それでは，友だちとリレーしましょう。グループ（4人程度）でやります。

と伝え，自分がつくったフレーズを順番に唱えていきます。
・「あいあい」→「おえおえ」→「いういう」→「いえいえ」　など
　と音楽をつくっていきます。すると，「二周したい」「人数を増やしたい」と子どもたち自ら条件設定を変えようとしてきます。また，「なんか音楽みたい！」「そうだね，へんなじゅもんみたい！」「なんか喜んだり泣いたりしてる人が想像できた」と「言葉の響き」の面白さや不思議さを感じる子どもも出てきます。子どもの感性は実に豊かです。

3-3 「なにぬねの」は怒っている！？（A2）

> すごいね！　音楽をつくっちゃったね。今度は，これ。ひらがな50音図です。好きな行を選んで唱えてみましょう。

と投げかけ，子どもの唱え方をじっくり聴きます。ここでは，<u>一度唱え方を統一せずに行ってみます</u>。すると，「なーにぬーねのー」「はひぃふへほ」「やいーゆえよ」と子どもたちはひらがな50音図の上で自由に遊び始めます。
・先生，「なにぬねの」は怒っている！

> どういうこと？　唱えてみて。

・（怒った感じの大きな声で）「なにぬねの」

> それは，怒った感じで唱えているから怒ったように聞こえるんじゃない？

・ん，なんか違うような気がする。

> じゃあ，今と同じ唱え方で「さしすせそ」を唱えてみて。

・（怒った感じの大きな声で）「さしすせそ」
・あれ！？「さしすせそ」は怒ってない！

> へー，そうなんだね。じゃあ「さしすせそ」はどんなふうに唱えたいの？

Chapter 2　「見方・考え方」を働かせた題材アイデア10　67

歌唱　器楽　**音楽づくり**　鑑賞　**その他 言葉の響きを感じる活動**

・なんか，やさしく唱えたいかな。

> 唱えてみて。

・（人差し指を縦に唇に当てながら）「さしすせそ」

> へー，今の動きいいね。なんでそうしたの？

・だってね，静かにしましょうって感じがするから。
・ぼくだったら「かきくけこ」かな。だって，かけっこしている感じだから。
・わたしは「らりるれろ」が好き。だって，楽しい感じがするから。

　このように，子どもたちは様々な唱え方で遊んだ後，同じ唱え方でそれぞれ違う行を唱えることで，言葉そのものからえられる「音の響き」を感じ取ることができてきます。

3-4　七五調で唱える（B2）

> じゃあ次は，約束事があるよ。俳句読みっていうのをやるよ。五・七・五に切って唱えるやりかたです。試しにやってみますね。「あいうえお　かきくけこさし　すせそたち」。同じ言葉を続けてもいいし，どこから始めてもいいです。ただし，文字を飛ばさずに，出てくる順番に唱えますよ。

　動き出せない子どもがいたら，教師が範読を何回か行いましょう。これまでの中で一番複雑な約束事のため，しっかり理解させることが大切です。

・「あいうえお　かきくけここ　さしすせそ」
・なんか，にわとりが鳴いている感じ。
・だったら，「あいうえお　かきくくくけこ　ささしすせ」
・さっきと違って，笑っている感じがした。

　と子ども同士で対話が始まります。教師はしっかり耳をすまし，子どもの声と感じ方を聴きましょう。

> 同じ行の中で繰り返したり，行を飛び越えてもいいですよ。

　と条件を発展させます。すると，

・こんなのもできるよ。「くけこかき　ねにぬねののの　すせそさし」
・何言ってんの，静かにしましょうって言っているね。笑。

　などと返ってくるでしょう。

> 俳句読みでお話をしよう。先生が唱えるからみんなは，それにこたえてね。やってみるよ。先生→みんな→先生→○○くん…でいくよ。お話するよ。

と教師の呼びかけに即興的にこたえていきます。教師と同じ唱え方でもよいと伝えると，子どもは安心感をもって活動を行うことができるでしょう。

・感想が言いたいです！
・なんか言葉って生きているみたい。
・さっきも思ったけど，これって音楽みたい。
・そうそう，なんか歌になってるよ。
・意味はよく分からないけど，なんだか面白いね。

最後に，今日の「言葉の響き」を感じる活動を振り返り，どのような「言葉の響き」に面白さや不思議さを感じたかを話し合って授業を終えます。五七五で切らずに唱えることで，「ぬね～～～～ぬ～～～ね～～～～～」などと拍のない音楽をつくることもできます。

3-5 今後の展開について

短歌読み（五七五七七）で行うと，より日本人に親しみのある七五調を感じることができます。グループで文を作り，その韻文性を感じ取ることで，ラップミュージックの学習に繋げることもできるでしょう。

〈参考文献〉
河合隼雄・谷川俊太郎（2002）『こころに届く授業－教える楽しみ 教わる喜び』，小学館

髙倉先生のちょっと一言　森先生の実践は，私に言わせれば「これぞ音楽づくりの原点！」というべきものです。音そのもの，この場合は日本語のもつ性質そのものと，子どもがガチッと向き合っていることが想像できますね。実に深くて実に面白い！　こういう音楽遊びがあるからこそ，まとまりのある音楽づくりが本物になるのです。こういう実践を面白がる教師の見方・考え方がとても大切だと思います。

6 上杉一弘 先生 伝授！

リズムと音階で，だれもが楽しめる音楽づくり

いきなり「曲をつくろう」と言われても…でも大丈夫。ルールに沿っていけば，誰でも無理なく音楽づくりを楽しむことができます！♪

元北海道網走市立網走小学校　教諭（現網走市立東小学校教頭）

目指す授業づくり ◆◆◆◆◆◆◆◆◆◆◆◆

　音楽専科になったばかりの頃，自分の音楽の授業は，演奏をすることだけに偏っていた。そこでのゴールは，「演奏ができるようになること」であった。技能だけを求めていた授業で，その曲のよさや面白さを，子ども達は感じていたのだろうか。そこから，「『音楽が好き』『音楽が楽しい』とみんなが思えるためには，何が必要なのだろうか」と自分に問いかけながらの授業づくりが始まった。子どもの独自性が発揮される音楽づくりは，その曲のよさや面白さを感じることができる，「だれもが楽しめる音楽の授業」を目指す一つのきっかけになった。

音楽づくり の 見方 考え方

　ある楽曲には，その楽曲がもつよさや面白さがあります。もちろんその曲を歌ったり，楽器で演奏したり，聴いたりすることでも授業の仕方ひとつで十分楽しむことができるでしょう。しかし，それだけだと歌うことや楽器の演奏が苦手だという子には，楽しさがわからずに終わってしまうかもしれません。その楽曲を，もっと楽しむことはできないだろうか。その解決策が，音楽づくりへの取組でした。私が考える音楽づくりのポイントは，「リズム」と「音階」です。特に，その曲は，どんな音階でつくられているのか。その視点で曲を見てみると，いろいろな音階でつくられていることがわかります。ハ長調やヘ長調，5音音階など。5音音階と言っても，いろいろな種類があり，それをもとにして音楽づくりをしていくと，全然違う旋律なのに不思議と元の音楽の雰囲気が出てくるのです。子ども達はそれを実感し，その曲のもつ曲想やよさ，面白さをつかんでいきます。あわせて，グループでの活動を入れていくことにより，友だちとのコミュニケーションも生まれてきます。その曲がもつ仕組みや要素を，ほんの少し知るだけで，そしてほんの少しの工夫を加えるだけで，音楽の授業がぐんと楽しくなります。

本題材のアウトライン◆◆◆◆◆◆◆◆◆◆◆◆◆◆◆

　5年生の教科書（教育出版）に登場する「風とケーナのロマンス」（トーレス作曲）からの音楽づくりについて，ご紹介します。教科書では，器楽（リコーダーや打楽器での演奏），または歌唱として扱われる曲です。また，前出の「星笛」に続いて，6／8の拍子にのって演奏する曲でもあります。ところで，音階に視点を当ててみると，この曲は「ドリア旋法」でつくられていることが分かります。この「6／8拍子」と「ドリア旋法」を使って，音楽づくりへと発展させていきます。最初は，リズムによる即興的な演奏から。そして，ドリア旋法による即興的な演奏。更には，グループでのまとまりのある音楽づくりへ。自分たちだけの「風とケーナのロマンス」づくりをすることで，この曲のよさや面白さをより感じてもらえたらと思います。

歌唱　器楽　**音楽づくり**　鑑賞　その他

「風とケーナのロマンス」からの音楽づくり

おすすめポイント　使う拍子やリズム，音や音階をきめて，そのルールに沿って音楽づくりを進めていきます。

| 教　　材：「風とケーナのロマンス」（トーレス作曲），
| 対象学年：5年生
| 取り上げる主な〔共通事項〕：音色，リズム，旋律，音階，拍

1　6／8拍子のリズムを作ろう！

前時まで，「風とケーナのロマンス」の範奏を聴いたり，ケーナの演奏を鑑賞したり，リコーダーで演奏したりして，十分にこの曲に触れておきます。ここから，まずはリズムによる音楽づくりへと発展させていきます。

❶ 音符カードを使ってリズムづくり

6／8拍子に合うリズムをつくっていきます。各グループに，音符カードを配ります。配る音符は，付点4分音符，4分音符，8分音符の3種類です。ここでのルールは，8分音符を3つと3つのまとまりにして組み合わせることです。

など

たくさん出たリズムから，自分で好きなリズムを2つ選んで組み合わせます。もちろん，同じリズムを組み合わせても OK ですね。

❷ 6／8のリズムをリレーしていこう

　さて，選んだリズムをみんなで順番に鳴らしてリレーしていきましょう。この後は，選んだリズムを自分たちのリコーダーの演奏に合わせていきます。曲に合わせる感覚もつかんでほしいので，まずはCDの演奏に合わせて手拍子をしていきます。子ども達には，輪になってもらい，「風とケーナのロマンス」に合わせて手拍子をリレーしていきます。

❸ リズムの即興演奏をしよう

　一通り慣れてきたら，何周もリレーしていきます。ただし今度は，2回目3回目は，違うリズムを選ぶように指示しま

す。純粋な即興演奏ではないかもしれませんが，子ども達は，自分の意志で演奏をしている充実感を得ることができるようです。同時に，6／8の拍子感も自然に身についていきます。

❹ つくったリズムを使って合奏しよう

　1回目のグループ活動です。グループ内でリコーダーと太鼓の伴奏に分かれて合奏をします。フォルクローレの太鼓は「ボンボ」というものだそうですが，学校にある「フロアタム」を代用しました。太鼓のリズムは，❶の活動で作ったものを自由にたたくと，変化があってより面白さが出てきます。また，タンバリンや鈴などの打楽器も用意しました。リズムの変化の面白さだけではなく，音色の違いによる面白さも感じることができます。

　活動の成果を，発表しましょう。ピアノ伴奏に合わせて，グループごとの発表会です。グループによる違いが見られて，それだけで自分たちの「風とケーナのロマンス」という感じがします。

歌唱　器楽　**音楽づくり**　鑑賞　その他

2　ドリア旋法で旋律づくりをしよう

　子ども達はこれまで，ハ長調の音階やいろいろな5音音階を学習してきています。この曲は，「ドリア旋法」という，子ども達にとって全く聞きなれない名前の音列でできています。「旋法」と「音階」は，正確には分けて捉えるものですが，私は「音階の一つ」として授業で取り上げています。実際にピアノで弾いてあげると，子ども達は，

・ハ長調の音階と比べて，暗い感じがする。
・あやしげな，不思議な感じがする。
・ドリア旋法でできているから，この曲は何となく寂しい感じがするんだ。

等といった，感想をもつことができます。曲を聴いたり演奏したりして感覚的に感じる雰囲気と，「音階」という理論からわかる雰囲気とがここで結びつくのです。

❶ ドリア旋法で即興演奏をしよう

　「リズム」による音楽づくりから，今度は「ドリア旋法」による音楽づくりへと進んでいきます。子ども達に，「さぁ，ドリア旋法で旋律をつくってごらん」といっても，難しいものです。ここで示すものは次の4つです。

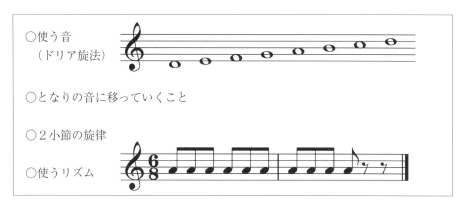

　旋律づくりでルールを示すことは，とても大切です。ルールがあるから，子ども達は安心して活動ができます。

音板の外せるグロッケンがあれば，とても簡単です。目の前にある音板を順番に鳴らしていけば，それだけで旋律づくりができます。だれもが旋律づくりを楽しめるには，なるべくハードルは低い方がいいのです。

このような楽器がない場合は，リコーダーや鍵盤ハーモニカを使うことになるでしょう。その場合は，スモールステップで旋律づくりをしていくことになります。

❷ スモールステップで旋律づくり

リコーダーでも，鍵盤ハーモニカでも，最初からドリア旋法の全ての音を使って旋律をつくるのは，特に苦手な子にはハードルが高いでしょう。私はいつも，1音から始めます。
「最初は，全員『下のレ』の音です」

リズムの時と同じように，輪になってリレーをしていきます。先生は，中心に立って，太鼓でリズムを刻みます。1音だけだから，どの子も安心して演奏をします。でも，きっと子ども達はこう言うでしょう。
「みんな同じじゃ，つまらない」

この言葉，待ってました！ つまらないということは，もっと違うことをやりたいということです。それでは次の段階です。
「ドリア旋法の中から，好きな音を1音だけ選んでね」

たった1音だけなのに，リレーをしていくと意外と面白いものですが，きっとある子はこう言うでしょう。
「1音だけじゃ，つまらない」

このように言う子は，たくさんほめてあげたいですね。「もっといろんな音で演奏してみたい」という，学びに向かう意欲が感じられます。では，もう一段階です。
「使う音は，『下のレとミ』の音です。ミの音は，最低一回は入れてね」

1音から，2音に増やしただけでも，ぐんと面白さが増します。子ども達

歌唱　器楽　**音楽づくり**　鑑賞　その他

もそれを実感することができ，ここまで来たら，一気に音を増やしても大丈夫だと思います。それでも，安心してできるように次のように言います。
「使う音は，最低1音，最高5音（または，8音全部）です」

　日ごろ，楽器の演奏が苦手かなという子も，たくさんの音をつかって演奏するようになります。スモールステップを踏むことで，だれもが，即興的な演奏を楽しむことができるでしょう。

❸「風とケーナのロマンス」に入れて演奏しよう

　この曲は，A（a～a'）～B（b～b'）の二部形式の曲です。「b」の代わりに，即興演奏を入れて演奏します。「b」の部分は，あるグループが即興的な演奏をリレーして，「a，a'，b'」の部分は，全員で演奏します。教師は，ピアノで伴奏を弾いてあげます。即興の部分の伴奏は，ドリア旋法の1度の和音を弾き続けてあげるだけです。

ここまでが，一つの活動になります。「リズム」と「音階」による音楽づくりを，子ども達は十分に楽しむことができることと思います。

3 まとまりのある音楽づくりをしよう

ここからは，これまでの活動を使って，まとまりのある音楽づくりへと発展させていきます。新学習指導要領では，ア(イ)「音を音楽へと構成することを通して，どのようにまとまりを意識した音楽をつくるかについて思いや意図をもつこと」，ウ(イ)「音楽の仕組みを用いて，音楽をつくる技能」にあたります。グループでの活動も，いよいよ大詰めに入っていきます。

ここでもルールが必要です。一つは，まとまりのある音楽の形です。もう一つは，役割分担をすることです。まとまりのある音楽づくりをする時，私はいつもこの形をとってきました。「はじめ」は，前奏です。「中」は，前時の❸の活動のことです。「終わり」は，後奏です。

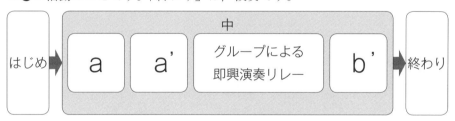

役割分担は，この曲の場合は，次の通りです。
・リコーダー
・太鼓

グループごとに，試行錯誤をしながら音楽づくりをしてきます。「はじめ」の音楽は，グループによってはリコーダーの旋律から始まったり，太鼓のリズムから始まったりします。「リコーダーから始まったから，太鼓で

歌唱　器楽　**音楽づくり**　鑑賞　その他

終わろう」とか，「はじめと終わりを同じにしよう」などといった意見が出てきます。「ドリア旋法の音階で終わろう」というグループも出てくるかもしれません。

「中」の即興演奏リレーの形も工夫させます。グループの人数が4人だとしたら，例えば次のような演奏の仕方があります。

・順番に演奏

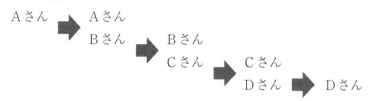

・重ねて演奏

　何もない所から，何かを発想するのは難しいものです。教師がいくつか例を示してあげることで，子ども達はいろいろな発想をします。話し合って，それを演奏してみて，また話し合って，また演奏してみて…。それまで学習してきた音楽の仕組みの知識を生かして，子ども達は音楽づくりを楽しむことができるでしょう。

　本単元でのねらいは，演奏と音楽づくりを通して，音楽の要素や仕組みを理解したり，旋律とリズムを組み合わせることの面白さに気付いたりしながら，その結果「風とケーナのロマンス」という曲のよさや面白さに気付くというものでした。今回は，「リズム」と「音階」に視点を当てた授業づくりについてご紹介してきました。「音階」に視点を当ててみると，他にもいろいろな既成の曲で音楽づくりへと発展することができます。

例えば…

・「とんび」（4年生）では，いわゆるヨナ抜き（長音階の4番目と7番目の音がない）の5音音階を使って，旋律づくりをしました。元の曲とは違う旋律なのに，「とんび」のような曲になり，楽しむことができました。

・「こきょうの人々」（5年生）では，ハ長調の音階と，Ⅰ～Ⅳ～Ⅴ～Ⅰの和音を使って，旋律づくりをしました。同じ和音進行なのに，いろいろな曲ができあがりました。

・「スワンダフル」（6年生）では，ペンタトニックスケールに発展させました。ジャズっぽさが出て，曲のよさが感じられました。

音楽のよさや面白さに気付くためには，演奏をしたり聴いたりして，感性が揺さぶられたときに起こるものですが，もう少し深い所でのよさや面白さに気付くには，知識も必要になってきます。教師が，その曲がもつ仕組みや要素をほんの少し知るだけで，そしてほんの少しの工夫を加えるだけで，曲と子ども達の距離がギュッと近づくことでしょう。

髙倉先生のちょっと一言

音楽づくりとは，真っ白なキャンバスに自由に絵を描くように，楽譜も何もないところから子どもたちが音楽を立ち上げていくことを指します。だから価値がある。反面，だから「音楽づくりの授業は難しい」と言われるのも事実です。ところが，上杉先生の実践は，既成の音楽をもとにして次第に音楽づくりの世界に子どもを誘っています。そしてその際，音階やリズムといった明確な視点をもっているから，どの子にも，そしてどの先生にも取り組めるわけです！　納得！

7 安部香菜 先生 伊藤友貴 先生 伝授！

歌唱　器楽　**音楽づくり**　鑑賞　その他

一つの教科書教材を2倍にして楽しむ方法！

単なる記号を超えた「強弱」を，子どもたちが手拍子で表現します！ ♪

教科書教材も「見方・考え方」次第で，がらっと面白くなります！ ♪

東京都江戸川区立第六葛西小学校
主任教諭

東京都江戸川区立下鎌田西小学校
主任教諭

目指す授業づくり ◆◆◆◆◆◆◆◆◆◆◆◆◆◆

　同じ東京都江戸川区内の小学校に在職し，区立小学校教育研究会音楽部のメンバーとして，日々授業研究を行っている。

　江戸川区音楽部では「つなげよう　広げよう　私たちの音楽」を研究主題とし，多彩な講師を招いての授業研究，実技研修を軸として研究を進めている。若手教師の多い区であるが，経験豊富なベテラン教師がいつも若手をあたたかく見守り，失敗を恐れず伸び伸びと授業研究に取り組める雰囲気をつくってくれている。

教科書教材 の 見方 考え方

　教科書教材をどのように扱うかというのは，本当に難しいもの。私たちも日々頭を悩ませ，先輩教師たちの多くの実践を参考にしながら，教材に向き合っています。

　ただ，今回取り組んだ教材「クラップ　フレンズ」には，あまり多くの有効な実践例を見付けることができず，一時はこの教材をどう料理してよいのか迷い，心が折れそうになりました。

　しかし，みんなで知恵を絞れば，いいアイデアが必ず見つかるものです。今回もそうでした。

　教科書通りに流しても，なかなかうまくいきません。やはり目の前にいる子どもたちの実態を把握したうえで，教材を様々な角度から「見る」こと，「考える」ことが大切になってきます。「この教材は面白くないからだめだ」と切って捨てる前に，「面白くない」を「！！」に変身させる。これが教師の技であり業であることを，今回「クラップ　フレンズ」を通して学びました。

本題材のアウトライン ◆◆◆◆◆◆◆◆◆◆◆◆◆◆◆◆◆

　5年生の教科書の冒頭近くに登場する，ハンドクラップによる教材「クラップ　フレンズ」（髙倉弘光作・構成）を取り扱う授業を2本紹介します。一つは「クラップ　フレンズ」の強弱を工夫するものですが，子どもたちが自分の思いを強弱の変化に込められるよう，ひと工夫を施しています。もう一つは，「クラップ　フレンズ」の中に登場するリズムパターンを用いてリズムづくりを行い，リズムの反復や変化を生かした強弱の工夫を行う授業です。

　一つの教材をもとにして，どのように授業を構成すると子どもたちの創造性を発揮させられるのか，江戸川区の先生方と一緒につくった授業です。

歌唱　器楽　**音楽づくり**　鑑賞　その他

強弱やリズムを工夫して，自分たちの手拍子の音楽を楽しもう

おすすめポイント

とにかく簡単！　みんなでわいわい楽しみながら自分の思いを述べ合っているうちに，気が付けば単なる記号を超えた「強弱」の奥深さを味わうことができます！

教　　材：「クラップ フレンズ」（髙倉弘光作・構成）
対象学年：4～5年生
取り上げる主な〔共通事項〕：リズム，強弱，拍，反復，変化

1 この教材に取り組むことになったきっかけ

　そもそもの始まりは，私たち東京都江戸川区立小学校教育研究会音楽部が，規模の大きな公開授業を行うことになったことです。この公開授業は，東京都小学校音楽教育研究会の総会に伴うもの。都内の音楽専科が大勢集うということで，本区音楽部は大変な緊張感に包まれました！　そして話し合いの結果，区内での事前授業を安部が，公開授業本番を伊藤が担当することになったのです。（これは大変なことになった！）

　さて，そうと決まったらまず教材を決めなければなりません。今回の公開授業は，4月第3週に行われることになっていました。つまり，新年度が始まってからまだ2週間ほどしか経っていないわけです。さらに，伊藤の勤務校の事情から，公開授業はクラス替えをしたばかりの5年生で行われることも決定していました。クラスの雰囲気や実態も読めない中，計画を立てていかなくてはなりません。はて，どうしたものか…。そんな思いで5年生の教科書をめくっていると，目に留まったのがこの「クラップ フレンズ」だったのです。これなら比較的容易に取り組めそう！　クラス替えでまだ友達関係ができ上がっていない中でも，手拍子の音楽を通してどんどん仲良くなっていけるのでは…？

2 「クラップ フレンズ」ってどんな曲？

　教材曲「クラップ フレンズ」（髙倉弘光作・構成）は，4つのリズムパターンの反復，変化から成る，ハンドクラップの音楽です。全12小節。最初の2小節のリズムパターンを反復，次の2小節のリズムパターンを反復，最後の4小節は2小節ごとにリズムパターンが変化します。

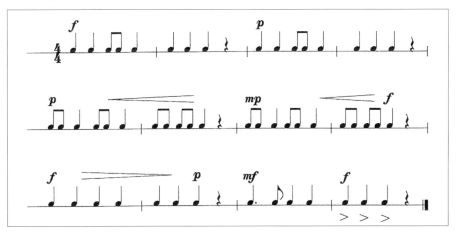

　この曲に登場するリズムパターンはどれも今までに学んできた平易なもので，誰でも楽しく演奏することができます。教科書では楽譜の下に，フォルテ，メッゾフォルテ，メッゾピアノ，ピアノ，クレッシェンド，デクレッシェンド，アクセントが記載されており，その中から記号を自由に選び，強弱を工夫することができるようになっています。また，速度も演奏者に任されています。リズムを合わせることだけにとらわれず，そこから一歩進んで強弱や速度の表現を味わうことに集中できる，とても良い教材だと思います。しかし…

3 「クラップ フレンズ」はなかなか成功しない？

　「『クラップ フレンズ』，やったことありますか？」「どうでしたか？」…区内の何人かの先生方にそう問うてみると，一様に冴えない表情。どうもあ

まりうまくいったことがない様子。
・「そもそもあまり面白い曲と思えない」（髙倉先生，ごめんなさい……）
・「教科書通り，自由に強弱を付けてよしとすると，子どもたちは本当にフォルテやピアノを適当に並べ始めてしまう。『これでよくない？』という感じで」
・「強弱の付け方の意図をどうやってもたせたらいいのか…」

　このような声が寄せられました。実は私も過去に一度だけ取り組んでみたことがありました。その時の記憶をたどると，子どもたちはそれなりに楽しんでいましたが，やはり，どうしてその強弱を付けたのか，そこにある「思い」はどの程度のものだったのか…という疑問が残りました。私がうまく導くことができなかったのです。

4　「クラップ フレンズ」の新しい見方・考え方　その①〜事前授業〜

　私たちは「クラップ フレンズ」を教材として最大限に生かすためにはどうしたらよいか，様々な「見方・考え方」を試みました。そして公開授業本番半年前の10月，安部の学校の4年生で，事前授業を行いました。

事前授業　4年生　題材名「強弱記号を使って表現を楽しもう」
【おもな内容】
❶ 鑑賞曲と関連させて，強弱の効果について知る
　グループで「クラップ フレンズ」の強弱を工夫するにあたり，その前に鑑賞曲で強弱のもたらす効果について知り，それを表現活動に生かそうとしました。強弱を単なる記号としてとらえるのではなく，その裏にある意味を感じてほしいという願いからです。鑑賞曲には様々な曲が候補に挙がりましたが，最終的には，喜歌劇「天国と地獄」序曲（オッフェンバック作曲）より第3部のカンカン（ギャロップ）の部分を聴くことにしました。
　この曲を選んだポイントとしては，
・運動会のBGMなどで，子どもたちに馴染みのある曲であること。
・突然の強弱の交代，徐々に盛り上がる部分などが聴き取りやすく，かつ大

変効果的であること。
などが挙げられます。

　強弱の変化を板書で表し，強弱の変化によってどんな感じがしたか，どんな気分になったかを結びつけて整理しました。

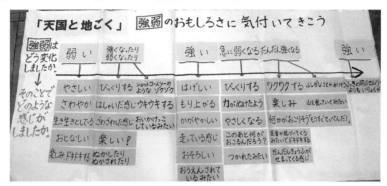

❷「クラップ フレンズ」の終わり方のイメージを考え，「アイディアカード」に記入する

　これが事前授業最大のポイントとなった「見方・考え方」です。強弱の工夫を曲の初めから行うのではなく，まず終わりの部分に注目することにしました。グループで話し合い，「クラップ フレンズ」をどのように終わらせるかをイメージし，言葉にします。すると子どもたちからはいろいろなアイディアが挙がってきました。

　・はなやかに終わる　　　　　・さびしく終わる
　・ふくらんでいって終わる　　・びっくりして終わる

❸「強弱カード」を使って，3段目（終わりの4小節）の強弱を工夫する

　先ほど各グループで話し合い「アイディアカード」に記入した終わり方のイメージに合った，強弱の工夫を考えます。

　グループ活動の際，楽譜は各班のボードに貼り，強弱記号はすべてマグネットカードで貼ったりはがしたりできるようにしました。そして，使用できる強弱記号は各種1回までと限定し，すべてのカードを使い切ることをルールとしました。意味のない強弱記号の乱用をせず，じっくり考えて幅広く強

弱を工夫するためです。ただし，同一記号が２枚以上必要な場合は，理由を話せば白紙のカード（好きな強弱記号を書き込んでよい）をもらえることとしました。

　グループの人数は基本４人。わずか４人の手拍子で，そんな多彩な表現ができるものなのか…？不安もありましたが，いざ活動してみると，子どもたちは強弱を絶妙に工夫し，実に上手にイメージを音で表現しているのです。強弱に単なる音量変化以上の意味を込めて演奏している様子が見て取れました。

❹ ３段目を生かすために，残りの１，２段目（１～８小節）の強弱を工夫する

　ここで前に戻って，まだ強弱をつけていなかった１，２段目の強弱を考えます。先ほど工夫した３段目にうまくつなげられるように，子どもたちは何度も試しながら知恵を絞ります。

❺ グループ発表はクイズ形式で！

　発表するグループは，自分たちの「アイディアカード」に書いてある終わり方のイメージがどんなものか，３択クイズにして出題します。演奏を聴いた他班に見事に当ててもらえれば，班の強弱工夫の意図がしっかり伝わったということで，大成功ということになります。

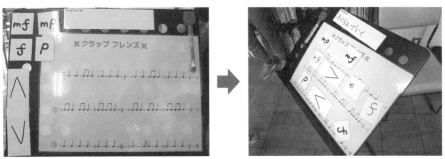

5　「クラップ フレンズ」の新しい見方・考え方　その②〜公開授業〜

　さて，こうして事前授業は終了し，本区音楽部としてはこの内容を踏襲する形で公開授業を行おうと考えていました。しかし，ここである指摘を受けることとなってしまいます。それは，「『強弱』のみの扱いで公開授業では物足りない」「リズムづくりの活動を取り入れてみたらどうか」というもの。そこで再び検討を行いました。その結果出された案が，
　　○2段目と3段目の間に8小節のリズムづくりを行い，9 -16小節目とし，
　　　計20小節の音楽とする
　　○強弱については事前授業のやり方を生かす
というものでした。
　8小節のリズムづくりの部分は，
　　・1人2小節ずつ即興的にリズムをつくり，リレーする
　　・グループで話し合い，「自分たちのリズム」として8小節分つくる
などのアイディアが出され，真剣にこの方向で進むことが検討されました。
　しかし，さらに決定的な意見を頂戴することになります。それは，
「そもそも『クラップ フレンズ』は，リズムの反復や変化を生かして強弱を工夫する教材ではないか。現在その部分がおろそかにされている」
というもの。確かにその通りです。
　それら意見を念頭に置いたうえで再検討し，「クラップ フレンズ」に出てくるリズムパターンを生かして強弱を工夫するという最終案が生まれました。
　年度が変わり4月，いよいよ"本番"の公開授業を迎えました。

公開授業　5年生
題材名「強弱やリズムを工夫して，自分たちの手拍子の音楽を楽しもう」
【おもな内容】
❶ 鑑賞曲と関連させて，強弱の効果について知る
　事前授業と同様に，喜歌劇「天国と地獄」序曲を聴いて，強弱のもたらす

効果について知り，それを表現活動に生かせるようにしました。

❷ 8拍のリズム模倣をしたり，リズムリレーを行なったりする

　これらは常時活動として毎時間行うようにし，拍にのって手拍子を打つことに慣れていきました。リズムリレーの中で強弱の工夫をした子や，反復や変化を生かしたリズムを打った子が現れた場合，すかさず声を掛けてほめるようにし，意識付けを行いました。

❸ 教科書に提示された強弱で「クラップ フレンズ」を演奏する

　まずは教科書通りのリズム，強弱で「クラップ フレンズ」を演奏できるようにしました。そして，「教科書の強弱にはちゃんと意味がある」，「反復や変化の仕組みを生かした強弱になっている」ということを押さえるようにしました。

❹ 「クラップ フレンズ」で使われている4種類のリズムパターンを使って，グループで8小節分のリズムをつくる

　まず，「クラップ フレンズ」で使われている2小節のリズムパターン4種類を色分けし，提示しました。

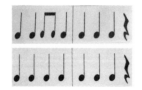 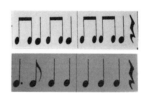

そして，以下のようなルールでリズムづくりを行いました。

---

①リズムカードを4枚つないでつくる。（2小節×4枚＝8小節）

②カードは4種類あるが，使ってよいのは最大3種類までとする。

③カードは各色2枚ずつ配られているが，さらに必要な場合はカード置き場に取りに行く。

---

②のルールがあるため，どのグループにもリズムの反復が生まれることとなります。さらに③のルールを使い，4枚のうち3枚を同じリズムパターン

の反復にするグループも現れました。これで、リズムの反復や変化に沿った強弱を工夫する下地はできました。

❺ リズムに合った強弱を工夫する

> ①リズムの反復や変化を生かして強弱をつける。
> ②強弱記号はホワイトボードに書き込む。クレッシェンド、デクレッシェンドは、長さを自分たちで決めて書き込む。

事前授業で設けていた強弱記号使用回数の制限は、今回はありません。ただし、反復や変化を生かした強弱を工夫することを意識します。

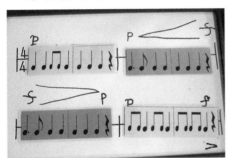
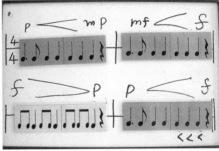

❻ 互いの演奏を聴き合い、よさを認め合ったり意見を述べ合ったりする

最終的に以上のような「クラップ フレンズ」の姿となりました。しかし授業を参観された方から「ここから『音色』の学習に発展させていける。例えばボディパーカッションで演奏することなども考えられる」という意見をいただいたように、この「クラップ フレンズ」は、「見方・考え方」次第で、まだまだ無限の可能性を秘めた教材であると言えそうです。

髙倉先生の
ちょっと
一言

「まず3段目だけ考える」「使ってよいリズムは4種類のうち3つまで」…この「仕掛け」が授業を、そして子どもを生き生きとさせました！ 授業の見方・考え方が冴えています。まさにチーム江戸川区の勝利です。授業研究のお手本のような実践と言えます！

歌唱　器楽　音楽づくり　鑑賞　**その他／体を動かす活動**

8 髙倉弘光 先生 伝授！

計算された「体の動き」が子どもを輝かせる！

「体を動かす活動」に対する見方・考え方さえしっかりしていれば，必ず授業がうまくいきます！♪

筑波大学附属小学校　教諭

目指す授業づくり ◆◆◆◆◆◆◆◆◆◆◆◆◆◆◆◆◆◆

　子どもが生き生きする授業を目指して，日々の授業を進めている。子どもがキラリと輝く瞬間，それは自分の思いに合った音を出せたとき，感動する音や音楽に出あったとき，自分と音楽が一体になったとき。

　体を動かす活動にも，子どもが輝く種がたくさん眠っている。その種に水をやり，大事に育て，花を咲かせるのが教師の役目。水が多すぎても少なすぎてもいけない。ちょうどよい育て方を見つけようとする営みが授業研究なのではないか。その営みは，まさに職人の仕事と同じである。体を動かす活動を通して，子どもをキラキラと輝かせたい。

体を動かす活動 の 見方 考え方

　一口で「体を動かす活動」とは言いますが，その目的や方法はさまざまです。単に「元気を出すため」とか「ノリをよくしてウォーミングアップにするため」と考えるのはちょっと短絡的です。ちゃんと，音楽の学びにつながる目的や方法があるはずなのです。

　現在，私は「体を動かす活動」を3つに分けて考えています。1つは「**身体反応**」，もう1つは「**身体運動**」，そして3つ目が「**身体表現**」です。

　「身体反応」とは，単にスイッチのオン・オフのように，音や音楽に反応して体を動かすことです。「身体運動」とはもう少し音楽的になって，例えば音の高さに合わせて手を上下させるなど，音楽的な要素と関係させて体を動かすことです。「身体表現」は，音楽の一部や全部をどのように体の動きで表現するかについて，考え，実際に動くことです。それぞれ意味合いが違いますね。どのような体の動きをさせると，授業のねらいに合っているのかを教師が考えることがとても大切です。

本題材のアウトライン◆◆◆◆◆◆◆◆◆◆◆◆◆◆

　低学年の教科書に登場する「行進曲」（チャイコフスキー作曲）の鑑賞について，その指導法をご紹介します。金管楽器による小気味よいフレーズと，それに呼応するような弦楽器などによるフレーズ。「呼びかけとこたえ」の仕組みが際立つこの曲の鑑賞学習です。この学習に体を動かす活動をどのように取り入れると効果的でしょう。上で紹介した「身体反応」「身体運動」をうまく取り入れながら，この曲が醸す世界に子どもたちを浸らせたいと思います。

　その中で，子どもたちが音楽的な見方・考え方を獲得し，それらを働かせて，例えば音楽づくりを行う，他の曲を鑑賞する，ひいては学校の外にある音や音楽にも思いを馳せる。そんな願いを込めての学習です。

| 歌唱 | 器楽 | 音楽づくり | 鑑賞 | その他
体を動かす活動 |

体の動きを生かした「行進曲」の鑑賞授業

リズムの面白さや「反復」「呼びかけとこたえ」の仕組みが，体を動かすことでアラ不思議。一石二鳥……の学びになります！

教　　材：「行進曲」（チャイコフスキー作曲）
対象学年：1〜2年生
取り上げる主な〔共通事項〕：音色，反復，呼びかけとこたえ

1　「行進曲」ってどんな曲？

　まず，教材曲「行進曲」（チャイコフスキー作曲）について分析を進めましょう。教材研究です。この教材分析が授業の方向性を決めますから，とても大切な作業です。そして教材分析こそ，教師の教材に対する「見方・考え方」ですね。ここから授業は始まっている！と言えるでしょう。

> 　1890年代に書かれたバレエ組曲「くるみ割り人形」の中の一曲です。前述したように，金管楽器が奏でる軽快なフレーズと，それに呼応するような弦楽器などが奏でるフレーズ。〔共通事項〕でいう「呼びかけとこたえ」の仕組みが際立っている曲と言えます。「呼びかけとこたえ」を切り口にこの曲をとらえると，大きくみてABAの三部形式とみることができます。またもっとA部にフォーカスしてみると，その中にも小さなabaの三部形式を見いだすこともできます。ここでは低学年が対象なので，大きくみてABAの三部形式がとらえられるとよいでしょう。

A			B	A		
a	b	a	B	a	b	a
呼びかけとこたえ	呼びかけとこたえ【短調】	呼びかけとこたえ	中間部	呼びかけとこたえ	呼びかけとこたえ【短調】	呼びかけとこたえ
0:00	29	43	1:13	26	55	2:10　　2:40

（演奏：英国ロイヤルフィルハーモニー管弦楽団）

音楽をとらえやすくするために、左下のような図を描いてみました。数直線ならぬ音楽直線ですね。ほとんどの部分が「呼びかけとこたえ」の仕組みでできていることがわかります。

　次に、a部にズームインしてみます。a部の中に、この曲にもっとも頻繁に出てくる金管楽器の軽快なフレーズと、弦楽器などによるフレーズとの「呼びかけとこたえ」がありますので、指導者である私たちがそこをとらえておくことが大切です。

a部にみられる「呼びかけとこたえ」

金管楽器のフレーズ
（呼びかけ）

弦楽器のフレーズ
（こたえ）

2　さぁ、授業に入りましょう！　おっと、その前に……

　授業で音楽を鑑賞するときは、自由に聴かせて「さぁ感想を書きましょう、発表しましょう」とすぐにやってしまってはいけません。学習として鑑賞するのですから、少なくとも何か一つはクラスの全員が同じ聴き方をして、全員で「これだけは聴き取ったぞ！」「ここが楽しいね、この曲」というものがないと意味がありません。その後です、自由に感想を書かせたり発表させたりしてもいいのは。

| 歌　唱 | 器　楽 | 音楽づくり | 鑑　賞 | その他
体を動かす活動 |

　鑑賞学習で最も大切なことは，家では自分で好んでは聴かない音楽を学校で聴かせるわけですから，一度聴いて「『呼びかけとこたえ』の仕組みがあることがわかりましたね」ではなく，何度も何度も，できるだけたくさん聴かせて，その音楽と子どもが仲良くなっていくことなのです。

3　何度も聴かせるために

　では，どうやったら何度も聴かせることができるのでしょうか。

❶ 音楽を区切って聴かせる（部分から全体へ，全体から部分へ）

　一度に最初から最後まで聴くことを「全曲を通して聴く」と言います。全曲を通して何度も聴かせることも悪くはありません。しかし，この曲の場合は２分半以上あります。低学年にとっては短い曲ではないかもしれません。聴くポイントに焦点を当てて，音楽を区切って聴かせることも有効な手段です。

　例えば，一度目はp.92の図にあるA部だけを聴かせる。次いでA～B部を聴かせ，最後に再び全曲を通して聴かせるなど，鑑賞させる長さにその都度工夫を加えることは，子どもの集中力を高め，ポイントを絞ったしまりのある授業展開につながると思います。

❷ その都度，聴き方に変化をもたせる（発問や指示の工夫）

　同じ曲を何度も聴かせるとき，その都度「音楽の何を，どこを聴き取るのか」を明確に指示し，聴き取りのポイントを示すようにします。そうでないと子どもたちは音楽をただ「何となく」聞き流してしまいます。ですから「この音楽の〇〇を聴き取りましょう！」という具合に，指示や発問の言葉をはっきりと確実に伝えることが大事になります。

❸ 体を動かす活動をうまく取り入れる（どの場面で，どんな動きを？）

　聴いている音楽に合わせて体を動かす，音楽に体の動きで反応することは，子どもにとって楽しいものですし，黙って聴いているより学びの意識が高まります。頭でわかるのではなく，体でわかることにつながり非常に効果的です。❷の「聴き方に変化をもたせる」こととも関連がありますが，「〇〇を

聴き取ったら手を挙げましょう」など，体を動かすことを授業展開に位置づけてみましょう。

4　いよいよ授業の実際です！

では，「行進曲」の実践です。実際にどのように授業を展開させるのかをご紹介します。

4－1　常時活動でリズムゲームを

「行進曲」に出てくるコルネット（トランペットの仲間）のリズムは3連符が入った特徴的なリズムです。まずはそのリズムを子どもたちに印象づけたいと思います。そこで，次のようなゲームをします。

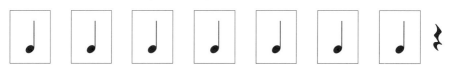

上のように，7枚の4分音符カードを黒板に貼ります。後にある4分休符も含めて全部で8拍になります。これを手拍子で打つ練習をします。先生が先に打って，子どもたちがその真似をするのでもいいでしょう。

次に，7枚のカードのどれか一つだけをスペシャルカードと交換することにします。そのスペシャルカードとは，3連符です。3連符とは，4分音符の「タン」の中に3つ同じ間隔で音を入れる音符のことです。つまり「タン」の中に上手に「タタタ」と入れるわけです。

例えば，3拍目のカードを入れ替えると，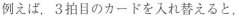

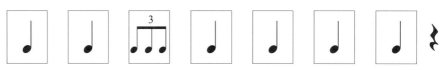

となりますね。このように，3連符を入れる場所をいろいろ替えて遊びます。そして，最後には2拍目に3連符を置き，全体のリズムを打てるように何度か練習します。遊び感覚でやるので，楽しく学習が進みます。

| 歌唱 | 器楽 | 音楽づくり | **鑑 賞** | 体を動かす活動 | その他 |

　上のリズムは，a部の「呼びかけ」とほぼ同じリズムです。ここまで仕込みをしておいて，いよいよ実際の「行進曲」を聴きます。

4-2 「行進曲」のはじめの部分を鑑賞する

> 　今日はこれから音楽を聴くお勉強をします。いま，みんなで練習したリズム「タン・タタタ・タン・タン・タン・タン・ター」が出てくる音楽なんだって。さて，どんな音楽だろうね？　聴いてみよう！

　こう指示して，始めから29秒くらいを聴かせます。子どもたちは，胸をワクワクさせながら音楽に耳を傾けます。そして，

・「ホントだ！　あのリズムだ！」
・「何回も出てきたよ！」
・「違うリズムもあったよ！」

と思いついたこと，発見したことなどを次々に言い出すでしょう。

> 　よく聴いていたね。そう，何度もあのリズムがあったし，違うリズムも出てきました。では，あのリズムに注意してもう一度聴きましょう！　でも，今度はあのリズム「タン・タタタ・タン・タン・タン・タン・ター」が出てきたところで，その場に立って手拍子を音楽に合わせて打ちましょう。ただし，あまり大きな音で手拍子を鳴らすと音楽が聞こえなくなっちゃうから，そっとね，そっと……。

と言って，また同じく始めから29秒を聴きます。すると，ご想像の通り，子どもたちは立ったり座ったり（**身体反応**）しながらリズムを打つ（**身体運動**）ことになります。なかなかのスリルです。

> 　よくできました。音楽にピッタリ合っていたよ。よし，ではここで問題。このリズム「タン・タタタ・タン・タン・タン・タン・ター」はどんな楽器で演奏されているんだろうね？　想像できますか？

・「ラッパ！」
・「ふえ！」

など，これも思いつくままの発言があるでしょう。ここは，知識として「コルネット（トランペットの仲間）」と伝えていいでしょう。低学年ですから「ラッパ」でも悪くないと思います。新しい学習指導要領では，「知識や技能を得たり生かしたりしながら考える」ことを大切にしています。この学習でも，この音楽がどんな楽器で演奏されているかを教えることは有効なことです。

次にもう一度同じところを聴かせ，そのリズムのところで起立し，今度はラッパを吹く真似をさせてもよいと思います。何度も同じところを聴いていますね。

4-3 「こたえ」の部分を聴く

> ところで，あのリズムじゃないところ，みんなが座って聴いていたところはどんなリズムだっただろうね？ 誰か覚えていますか？

・「こんな感じかな？」と言って歌い出す子
・「忘れちゃった！ 先生，もう一回聴かせて！」と言う子

さまざまでしょう。もう一度聴かせるといいでしょう。今度は立たせず，じっと29秒間座ったまま聴かせ「こたえ」の部分に集中させます。すると……，

・「わかった！ スキップしてる感じ！」
・「タッカ，タッカって言ってる感じ！」

と返ってくるでしょう。

> すばらしい！ よくわかりましたね。ここでまた問題。そのタッカタッカのところは，どんな楽器で演奏されていると思う？

と再び発問して，主にヴァイオリンなどの弦楽器が活躍していることをとらえさせます。先ほどのコルネットも，ヴァイオリンも，黒板にピクチャーカードを貼って，理解を促すことも有効だと思います。

4-4 このあとをどう展開させるか？ 考えてみましょう！

さぁ，ここまでの展開で「呼びかけ」(タン・タタタ・タン・タン・タン・タン・ター)と「こたえ」(スキップのリズム)が出揃いました。ここからどう

|歌唱|器楽|音楽づくり|鑑　賞|体を動かす活動 その他|

やって展開させるとよいでしょうか。いくつもパターンが考えられます。

例えば，クラスを半分に分け，一方を「呼びかけ役」，もう一方を「こたえ役」にして，自分の担当の音楽が鳴ったら起立してリズムを手拍子で打つ，というのもいいでしょう。私なら，広い場所に出て全身を使って遊びます。「呼びかけ」のところでは立ち止まった姿勢でリズム打ち（タン・タタタ・タン・タン・タン・タン・タン・ター）をします。そして「こたえ」のスキップのところでは実際にスキップをします。これも**「身体運動」**です。想像できますか？ 楽しくなってきませんか？

4-5　さらに聴き進める

ここまでの展開で，まだ全体の6分の1しか聴いていません。次は，A部全体を聴きます。じっと座って手拍子もしないでただ聴かせます。

> 実は，この音楽にはまだ続きがあります。聴いてみましょう。今度は何もせずじっくり聴いてね。

こう告げて，始めから__1分13秒まで__を聴きます。すると……

- 「ずっと同じかと思ったら，途中にちょっとだけちがうリズム（音楽）が出てきたよ」
- 「また同じ音楽が戻ってきた！」
- 「スキップだったところが，スキップでなくなったかな？」

などの発言があるでしょう。

ここまで来たら，A部全体を動いてみるのもおすすめです。「呼びかけ」はaもbもすべて同じリズムですから，立ち止まってリズム打ち（タン・タタタ・タン・タン・タン・タン・ター）をします。「こたえ」では，aはスキップ，bはチョコチョコ走りをします。

4-6　全曲を通して鑑賞する

A部を聴き終えたところで，一気に最後まで全曲を通して聴きます。

> 　実は，この音楽にはまだ続きがあります。どうなっていくかな？　今度は最初から最後まで聴きましょう。ただし，先ほどのように動きながら聴くことにします。今まで聴いたところは，リズム打ちをしたりスキップ，またはチョコチョコ走りです。新しく聴く音楽だな，と思ったら，その場に静かに座って聴きましょう。

と投げかけます。そして全曲をCDでかけます。

　すると，面白いようにA部は楽しく動き，B部は座り，再びA部になると，教師が何も指示しなくても子どもたちは自分たちで立ち上がり，リズムを打ったりするようになります。「**身体運動**」を取り入れた学習になりました。

　鑑賞を終え「**音楽はどうなっていったかな？**」と発問すると，子どもの言葉でこの曲がABAの三部形式であることを発言するでしょう。「**あとのA部は豪華だった！**」とも。板書などでもまとめ，最後にこの曲のどんなところが面白いと思ったか，好きか，などを発表しあって，学習を終えます。

4-7　発展としての「身体表現」を

　ここまでの学習で，学習のねらいは十分に達成されています。が，私は発展として，体の動きでこの音楽を表現するようにします。グループ（4～8人）で行います。グループで相談して，A部とB部の違いをどう体の動きで表現するか，特徴的なリズムの部分をどうするか，などを決めて，一つのパフォーマンスをつくるのです。パフォーマンスをつくるために，また何度も「行進曲」を聴くのです。まさに「深い学び」になります。

髙倉先生の
ちょっと
一言

　鑑賞の学習というと，じっと机に向かって座り，姿勢を崩さず静かに音楽を聴く，ということをイメージしませんか。それが正しい授業の在り方だと。しかし私はそう思いません。体を部分的にでも動かしながら，つまり筋肉で音楽を感じながら学習を進めることで，聴き取るべき音楽の要素などをより印象深くとらえることができるのです。

　この実践の場合，教師の，授業に対する見方・考え方を柔軟にしようというメッセージが込められていると言えるでしょう。私たち教師はとかく固定観念に縛られていることがあるのではないでしょうか。

歌唱　器楽　音楽づくり　鑑賞　その他 我が国の音楽

9 伊野義博 先生 伝授！

日本語は，伝統音楽への虹のかけ橋

新潟大学教育学部　教授

子どもが日本語を話しているという事実から出発してみよう。「日本語は，伝統音楽への虹のかけ橋」をモットーに授業を考えたら，おもしろいことが見えてくる。♪

目指す授業づくり ◆◆◆◆◆◆◆◆◆◆◆◆

　ある時ふと気付いた。「日本の子どもが日本語をはなしている！！」と。
　あまりにも当たり前の事実の意味を理解するのに何年もの歳月が必要だった。毎日話している日本語は，子どもの身体と一体化し，そこからは様々な音楽の「もと」が表出される。日本語の持つ響きや生み出すリズムは，それを話す人々の感性を日々磨き上げている。「あさ」と「よる」は，その意味するところだけではなく，感性的にすでに異なっているのだ。子どもが様々な感情を伴って「おかあさん」と呼ぶそのたびに音楽の「もと」は磨かれる。そして，日本の伝統音楽は，このことと深く結び付き，育まれてきた。

日本の伝統音楽 の 見方 考え方

　日本の伝統音楽は，日本語とそれを話す人の身体性と深く関係して成立しているので，その点に着目して，楽しい実践プランを紹介します。

　核となる視点は，子どもや先生が日本語を流ちょうに話しているということと，そのために，言葉の響きやリズムなど，日本語の特性を身体全体で感じ取りながら生きていること，そしてそのことが，伝統音楽の特性に直結しているという事実と認識です。

　歌舞伎や能など，伝統的な音の世界は，私たちの日常とはかけ離れたように見えます。教材と子どもの実態が乖離しているといった思いから，教材化を躊躇している先生も多いと思います。でも，日本で生まれ育った音楽が，日本で生きている人々と関係が薄いことなどあり得ませんから，ちょっと見方を変えると楽しいアイデアをたくさん生み出すことができます。

　ここでは，日本語を話している子どもや教師の日常が伝統音楽の特性に結びつくような発想と実践を紹介します。なお，本著の姉妹書『「子どもファースト」でつくる！音楽授業プラン成功のアイデア』に基本理念を示すとともに，以下の１〜７の解説をしています。是非とも参考にしてください。

本題材のアウトライン ◆◆◆◆◆◆◆◆◆◆◆◆◆◆◆◆

　子どもの日常的な言葉の表現は，実に多彩です。例えば「おかあさん」の呼び方だけでも様々な表現がありますね。そうした表現のおもしろさを伝統音楽の特性から見て以下に類型化しました。
１．ことばのリズムや抑揚のおもしろさ，２．拍のおもしろさ，３．ふしのおもしろさ，４．息のリズム，長い息のおもしろさ，５．間や息で合わせるおもしろさ，６．即興ややりとりのおもしろさ，７．音色，語感のおもしろさ
　この７つを子どもの世界と日本の伝統音楽の世界に架かる「七色の虹のかけ橋」として，実践につなげるアイデアを考えてみます。

歌唱　器楽　音楽づくり　鑑賞　**その他 我が国の音楽**

子どもの世界と伝統音楽を結ぶ実践のアイデア

　図は，このプランのイメージです。子どもの世界と伝統音楽の世界を7色のかけ橋がつなぎます。それでは，それぞれの色（視点）から具体的に見ていきましょう。

七色の虹のかけ橋
1. ことばのリズムや抑揚
2. 拍
3. ふし
4. 息のリズム，長い息
5. 間や息で合わせる
6. 即興ややりとり
7. 音色，語感

子どもの世界　ことば　身体性

伝統音楽の世界　様式化された多様な表現法

図：二つの世界を結ぶ七色の虹のかけ橋

1　ことばのリズムや抑揚のおもしろさ

　ことばは，それを発しただけで自然なリズムや抑揚が生まれます。それらを楽しみながら音楽にしましょう。

❶ **ことばのリズム**

① グループで輪になり，好きな動物の名前をあげ，つなげてみよう。例えば，「うさぎ」「かめ」「しまうま」「はりねずみ」はどうだろう。
｜うさぎかめしまうまはりねずみ｜となるね。手を叩きながら何度もくり返して言ってみよう。どんなリズムが生まれるかな。

② それぞれの名前の最初で手を強く叩こう。リズムはどう変化するだろう。
｜うさぎかめしまうまはりねずみ｜おもしろいね。

③ 名前の組合せや順番を変えてみよう。例えば，
｜かめかめかめうさぎ｜かめかめかめうさぎ｜はどうかな。

④ 他の組合せも考えて，2つのリズムを合わせてみよう。例えば
｜かめかめかめかめ｜はどうだろう。複雑なアンサンブルの誕生だ。

⑤ 和太鼓で打ってみよう。片面は｜かめかめかめかめ｜をくり返す。反対側の人は，いろんなことばのリズムで打ってみよう。

❷ 抑揚
① 歌舞伎「勧進帳」の富樫の名のりを聴いてみよう。
　富樫：斯様に候う者は　加賀の国の住人　富樫の左衛門にて候
② かっこよく真似てみよう。極端に抑揚をつけて，できるだけ本物らしく。
③ 今度は自分の自己紹介を歌舞伎風にしてみよう。友達の自己紹介が終わったら「イヨ！○○屋」など，タイミングよく掛け声をかけてあげよう。
④ 友達：斯様に候う者は　越後の国の住人　伊野の義博にて候
　みんな：イヨ！伊野屋！
⑤ 弁慶と富樫の問答のところもおもしろい。これを真似てみよう。
　弁慶：何と，勧進帳を読めと仰せ候な
　富樫：如何にも
⑥ 自分たちで問答をつくろう。
　まず，先生に問いかけてみよう。
　みんな：何と，宿題をやれと
　　　　　仰せ候な
　先生：いかーに〜〜も〜〜

2　拍のおもしろさ

日本語を拍にあてはめて表現すると，いろいろとおもしろいことが分かってきます。
① わらべ歌の「どれにしようかな」や「おてらのおしょうさん」で遊ぼう。「おちゃらか」や「ずいずいずっころばし」もおもしろい。手の動きに気を付けて遊ぶと何がわかるかな。そう，一拍の連続だね。
② 今度は，お経を唱えてみよう。有名な般若心経だ。木魚やテンプルブロックを叩きながらやってみよう。同じ拍の感じがするね。
　かんじーざいほーさつぎょうじんはんにゃはーらーみったーじー
　観自在菩薩行深般若波羅蜜多時
③ この調子で何でもいいから言ってしまおう。例えば，
　今日の給食なんだろなカレーがいいな食べたいな

歌唱　器楽　音楽づくり　鑑賞　**その他 我が国の音楽**

④ 今度は，能の大ノリだ。「船弁慶」の義経になって謡ってみよう。
　　その時義経少しも騒がず　打ち物抜き持ち現の人に　向こうが如く〜
　　そーのーとーきーよーしーつーねーすーこーしーもーさーわーがーず
⑤ 自分のお話をつくって謡ってみよう。毎日の生活で失敗したり困ったりしたりすることがあるね。例えば，給食の味噌汁をこぼしちゃったらどうしようか。
　　そーのーとーきーわーたーしーはーすーこーしーもーさーわーがーず
　　ティーシュをーとーりーだーしーつーくーえーをー　ふーいてー
　　「ふいて」のところは，ちょっとした工夫が必要だ。「船弁慶」のこの場面を鑑賞して，能を真似た動きをつけるともっと面白くなるね。
⑥ こうやって拍に言葉をはめていくやり方を他にも探してみよう。例えば，AKB48の「ヘビーローテーション」（秋元康作詞，山崎燿作曲）の次の部分を歌ってみよう。
　　がーんーがーんーなーあってーるーミュウージーイックー　　ヘー
　　ビーイーイーイーローオーテーエーション
　　なんだか似ているね。
⑦ 拍と言葉のいろんな関係を探ってみよう。

3　ふしのおもしろさ

　子どもの日常的な会話の中には，すでに伝統音楽のふしの基本が生まれています。そこから始めて，少しずつ日本的なふしをつくっていきましょう。ここでは，主として音階の系統性に着目し，核となる音階を示します。なお，音階は相対的なものです。歌ったり鍵盤ハーモニカなどで弾いたりして遊びましょう。
① 友達を遊びに誘おう。例えば，相手がゆみさんだったら，
　　呼びかけ：｜ゆーみー｜さん○｜あーそー｜ぽー○｜
　　応　　答：｜いーいー｜よー○｜なーにす｜るー○｜
　　となるね。ドとレを使ってたくさんお話ができるよ。ふしの終わりはレ

にしよう。
② 「なべなべそこぬけ」や「おちゃらか」で遊ぼう。
　　| なーべー | なーべー | そーこぬ | け　〇 |
　　　レ　ド　　レ　ド　　レ　レ
　　| そーこが | ぬけたら | かえりま | しょ〇 |
　　　レ　レ　　ぬけミミ　レ　レレド
　　音が増えて，ドレミになった。ドレミのふしも作ってみよう。
　　焼き芋の売り声やチャルメラのふしもこれでできている。
　　焼き芋屋：いーしやーきいもー
　　　　　　　ドーレミーーミレレー
③ もの売りの声は，他にもたくさんある。例えば，
　　竿だけ売り：たーけやー　さおだけー
　　　　　　　　ラードド　　ドレレレー
　　金魚売り：きんぎょーエー　きんぎょー
　　　　　　　ドドド　ーラー　　ドレレー
　　音階は，ラドレになった。ラドレでもの売りの声をつくろう。歌にして好きなものを売ってみよう。
④ ラドレの上に同じ関係（短三度＋長二度）の三音を重ねてみよう。
　　ラドレミソラの音階ができる。この音階でたくさんの民謡ができている。この音階を鍵盤ハーモニカでいったりきたりしてみよう。「ソーラン節」もこの仲間だ。
⑤ 実は，ラドレミソラで作る旋律は，どの音で終わっても大丈夫。旋律を作ったり，J-POPなどいろんな音楽を聴いて確かめたりしてみよう。

4　息のリズム，長い息のおもしろさ

　息を自由に使って，声を出してみましょう。特に長い息にことばをのせると，とっても気持ちがいい。息をたっぷりと使った拍の無い音楽が生まれる。
① 長い息で会話をしよう。相手が遠くにいると思って話しかけてみよう。できるだけ長く伸ばすのがコツだ。
　　「お――――い」「なあに――――」「ごはんだよ――――」
② 3でやったもの売りの声にも長い息がたっぷりと使われているね。目の前にある，いろんなものを長い息をつかってふしにして売ってみよう。
　　「けーしゴム――――，えんぴつ――――，いらんかね――――」
　　　ラ　ドドド　　　　ドレレレ　　　　　レレドドレ

歌唱　器楽　音楽づくり　鑑賞　その他　我が国の音楽

③　相撲の呼び出しも長い息をたっぷりと使っている。呼び出しの声を聴いて真似よう。
「ひが～アし～～，かくりゅう～～，かくウりゅうウ～～～～」
「に～～イし～～，きせのさと～～，きせエのオさ～～と～～」
小節がたくさんついているね。それもしっかり真似てみよう。

④　呼び出しのふしを使って，友達を紹介し合おう。
「こち～イら～～，あゆウみさ～～ん～～，やさ～アし～い～イ～」
「こち～イら～～，たかアしさ～～ん～～，おっちょこ～ちょオ～い～」
それぞれ自由に歌うといろんなふしが生まれるはずだ。みんな違ってみんないい。

⑤　教科書の「南部牛追い歌」や「音頭の舟歌」を聴いたり歌ったりしてみよう。長い息をどのように使っているだろうか。ことばをまとめて歌うところと一音を伸ばすところがあるね。
「いなかア～～なれどオもさ～～～～」

⑥　長い息の曲は，楽器にもある。例えば，尺八本曲「鹿の遠音」の冒頭を口唱歌を添えながら聴いてみよう。
「ツーレーレーレーロー」

⑦　長い息の曲は，外国にもたくさんある。例えば，モンゴルの「オルティンドー」は，「長い歌」という意味だ。日本の歌とどこが違うかな。

5　間や息で合わせるおもしろさ

間は拍と拍との時間的距離，休符，拍の伸縮，タイミングなどを意味する多義的な概念で，伝統音楽では大切にされてきました。間の表現には，息づかいがとても重要です。

①　毎日の生活は，「間」だらけだ。どんなところに「間」があるだろうか。「間」を発見しよう。
・ジャンケンの時（「最初はグー！　ジャンケン　ポン！」）
・重い物をみんなで力を合わせて持ち上げようとする時（「せーの！」）

- 一本締めの時（イヨー！　ポン！）
- 国語の時間に「大きなかぶ」を群読するとき（「うんとこしょ　どっこいしょ　それでもかぶはぬけません」）

　他にも探してみよう。

② 「間」を体験しよう。先生が呼名をする時は，「間」のオンパレードだ。拍子木（よく乾燥した木片）を用意しよう。「間」のところで「チョン」と入れる。そうすると「間」がわかりやすい。

「出席をとりまーす。〇〇さん」「はーい」（チョン）「〇〇さん」「はーい」（チョン）〜

よい「間」をつくるにはどうしたらいいだろう。順番に先生の役になってみよう。

③ 今度は，「さくらさくら」の箏の口唱歌をみんなで歌ってみよう。どんな「間」が生まれるかな。みんなで「間」が合うにはどうしたらいいだろう。おそらく息と気配がポイントだ。

| ツンツンテン〇 | ツンツンテン〇 | ツンテンチンテンツンコロリン〇 |

④ 同じ曲でも階名唱をすると感じが違ってくる。指揮者に合わせて西洋風に階名唱をしてみよう。

| ラーラーシー〇 | ラーラーシー〇 | ラーシードーシーラーシラファ〇 |

⑤ さて，二つの合わせ方は，どこが違っただろうか。日本的な「間」ってどんな感じかな。

6　即興ややりとりのおもしろさ

　歌でやりとりしたり即興的に歌詞をつけたりするなどというと，とっても難しいと感じる人がいるかもしれません。でも，普段の生活で，「おかーあさん」「なーあに」と自然にふし付けることはしばしばあります。「なーあに」に答えれば，もう即興の世界です。

① 3−①の呼びかけと応答を発展させ，友達同士，歌で会話をしよう。1分間はずーっと歌で会話です。止まってはいけません。あらかじめテー

マを決めるのもいいですね。それでは，「ヨーイ！　始め！」。
　　　呼びかけ：｜ゆーみー｜さん○｜あーそー｜ぼー○｜
　　　応　　答：｜いーいー｜よー○｜なーにす｜るー○｜
② どんな会話になったのかな。発表し合おう。え？　忘れてしまった？大丈夫，会話と同じように即興的に。
③ 二つのグループ（A，B）に分かれて「花いちもんめ」で遊ぼう。
　　　馴れてきたら，Aグループは，おばさんにどのようにして来て欲しいか，Bグループは，おばさんが行けない理由を考えよう。例えば，
　　　A：スキーに乗ってちょっと来ておくれ
　　　B：雪がないので行かれませんよ
④ 教科書には，会話になる曲がたくさん。二人あるいは二組に分かれて，歌で会話をしてみよう。例えば，「うさぎ」の場合，
　　　A：○○さん○○さん　何見てはねる
　　　B：アイスクリームを見てはねる
⑤ 「ひらいたひらいた」「あんたがたどこさ」などでもやってみよう。
⑥ 秋田県横手市の金澤八幡宮で9月14日夜に行われる伝統掛唄大会では，出場者は歌で自由に会話する。インターネットで掛唄を聴いてみよう（写真：掛唄大会での筆者と学生）。

7　音色，語感のおもしろさ

　声の音色は十人十色，一人一人がみんな違った個性的な声を持っていて，伝統音楽は，その声をそのまま生かすのが基本です。また，日本語の音もそれぞれ個性的な響きとイメージがあります。伝統音楽では，まず自分の声を素直に出し，日本語にのせ，次第に様式に合った声にしていくのです。
① 何でもいい。となりの友達とお話してごらん。その声は，どんな感じがするかな。友達に伝えてあげよう。みんな素敵な声を持っているね。

② 友達の何人かが教室の後ろに立ちます。他の人たちは前を向いて目を閉じます。後ろの友達が何か話します。「おはよう」「こんにちは」。さぁ,誰の声か当てることができるかな。
③ 今度は,ちょっと難しい。二人一度に話してみよう。
④ 日本語の語感を味わおう。「おと　いけしずこ」(工藤直子詩)を読んでみよう。「いけしずこ」さんのいろんな音が見えてくるようにね。
⑤ 一人一人分担を決めて読んでみよう。いろんな読み方,合わせ方を工夫しよう。声の高さ,音色,速さ,リズムなどいろいろと変化させよう。また,呼びかけと答え,反復,音楽の縦と横との関係などの音楽の仕組みをつかって音楽に構成しよう。日本語のいろんな響きが教室に充満する。
⑥ 歌舞伎に登場するいろんな声を真似てみよう。例えば「勧進帳」ならば,弁慶,富樫,長唄など,どんな特徴があるだろうか。
⑦ 能,狂言,歌舞伎,義太夫節,民謡,声明など,伝統音楽は,それぞれ独特の声の響きを持つ。いろいろ聴いて特徴をつかまえよう。中山一郎編『日本語を歌・唄・謡う－映像アーカイブ』(アド・ポポロ)が参考になる。
⑧ 世界の様々な声の音楽を聴こう。それぞれどのように個性的だろう。

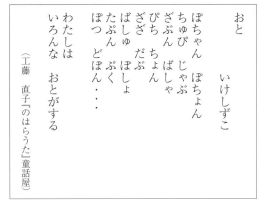

おと　いけしずこ

ちゅぴちゅぴ　ぽちょん
ぴぷん　じゃぶじゃぶ
ざざん　ちょぼちょぼ
ばしゃん　ぽくぽく
たぶん　ぽしょ
ぽつん　・・・
わたしは
いろんな
おとがする

(工藤　直子『のはらうた』童話屋)

本項イラスト　伊野あゆみ

高倉先生のちょっと一言

「さすが伊野先生!」と膝を打ってしまう音楽の見方・考え方ですね。これは森先生の実践とも繋がっています。こういう実践がどんどん増えるといいと思います。さらに感心するのは,日本語を使った音楽から世界の音楽を見渡そうとするその見方・考え方です!

特別寄稿

10 北村俊彦 先生 伝授！

1音でも，立派な音楽

ゆっくり進み，基礎もしっかり，たっぷり曲を吹く指導法を！吹けるから次への意欲も生まれるのです！♪

作曲家，元大阪府小学校音楽科教諭，松原リコーダーコンソート指導者

目指す授業づくり ◆◆◆◆◆◆◆◆◆◆◆◆◆◆

　大阪の小学校で音楽専科をし，《星笛》という曲を作った。この曲を5年生に吹かせたい，そして，吹ける力をつけたい，その思いからつくったのが『笛星人』という曲集である。[シ] 1音の曲から指導する指導法も「一歩一歩山を登っていく」「種が地中でゆっくり成長していく」，そしてやがて「頂上にたどり着くため」「花や実を育てるため」になっていく。このような思いで3年生のリコーダー指導に当たりたいと思う。

　リコーダーを頑張るのではなくて，リコーダーを吹いて楽しいと，そして，できるから嬉しい，吹けるから嬉しい，そう思ってくれる3年生を育てたい。

リコーダー指導，ココが大事！

1　まずは……

リコーダーの導入指導，「難しい！」は，「間違い」です。
でも，[シ] だから，「簡単！」これも「間違い」です。

　小学校では，[シ] から始めます。小さな指の３年生は，少ない音でも，リコーダーを吹く喜びを感じてくれます。吹けて嬉しいという気持ちも，もっと吹きたいという意欲も，吹けた曲を聴いてもらい「よかったね」と言ってほしい願いも。それに応える曲，そして指導法が必要です。
　そこで私がつくったのが，子どものためのリコーダー曲集『笛星人』(1993，トヤマ出版) です。３年生のために作り上げました。その３年生が，将来，リコーダーアンサンブルで大曲に取り組むまで，リコーダーに夢中になってくれたら！！　それが私の願いです。
　ここでは，『笛星人』の内容も含めながら，３年生のリコーダー導入期の指導について紹介します。

2　指導の３本柱

❶ ３年生の気持ちは？

　吹けそう（興味・関心・可能性）→吹けた（達成感・喜び・ほめる・発表）→もっと吹きたいな（意欲・次のステップへ）
　「リコーダーを吹くのが楽しい，吹けるから嬉しい，そして，もっと新しい音を覚えて曲を吹きたい」
　３年生のやる気は，「吹けそう→吹けた」の気持ちの変化から生まれます。

❷ 指導者のスタンスは？

　ゆっくり（カリキュラム）・しっかり（基礎）・たっぷり（適切な教材を繰

り返し）

　できることは何回やっても嬉しいのが３年生。ドリルで何回もではなくて，自分から何回もやりたいと思える工夫・演出などの環境づくりを指導者は考えてほしいです。

❸ ３年生はリコーダーと
a）仲良し……取り扱い

　「○○してはいけない」というより，「こんな風にしてあげたらリコーダーは喜ぶよ」と言う方が，３年生にリコーダーを大切にしようという気持ちを育てることができます。クラスのお友達と仲良しになるのと同じです。リコーダーは「優しくしてくれる」お友達を待っています。

b）お話……タンギング

　タンギングは，リコーダーとの会話です。仲良しなら「おしゃべり」に夢中！　リコーダーといっぱい「おしゃべり」をしましょう。「タカタカ　ティキティキ　トゥクトゥク」と何回も言って，舌を動かすことに慣れましょう。強い口調で言ったら，リコーダーはびっくりします。でも，「何をいっているのかな？」と思うような言い方も困ります。
※「タカタカ……」……舌をしっかり動かすための３年生向けの課題。

c）遊ぶ……練習・吹く

　仲良しになったら，いっぱい遊びましょう。リコーダーは３年生が吹いてくれるのを待っています。時間を忘れてしまうほど遊びたい（吹きたい）から，上手にもなれます。きっとリコーダーが応援してくれます。

3　吹けて嬉しい３年生

　３年生は，すぐにでもリコーダーを吹きたいと思っていますが，［シラ］から始めると，［シ←→ラ］の動きができないと吹けません。ところが，小

さい指がなかなか動きません。タンギングに注意すると指が？？　指に注意するとタンギングが？？　大変です。3年生ができないと思っているのは，タンギングではなくて，指を動かすこと「運指」なのです。ところが，4月から5月にかけての導入の時期には教えることがたくさんあります。吹きたい気持ちはいっぱいあるのですが，ついていけないのです。そして，頑張った3年生は，［シラシラシ］のような「練習曲」を吹きます。続いて，新しい音も出てきて，指の動きが増えます。困難も増してきます。「音楽」が「音我苦」になっていきます。もちろん，何度も吹けば，だんだんと上手になりますが，3年生は「曲」を吹きたいのです。自分が主人公になれる「曲」で楽しみたいのです。

4　1年間のリコーダー指導の流れ

```
4～5月　　［シ］
6月　　　　［ラ・シ］
7～10月　　［ソ・ラ・シ］
11月　　　　［ソ・ラ・シ・ド］
12～3月　　［ソ・ラ・シ・ド・レ］
```

5　［シ］から始まる

　［シ］の指導で，その後が決まる！　私・笛星人は，［シ］の指導を大切にします。『笛星人』では，次の3曲が課題です。
①《しっぱれー！》
　「タンギング」「前奏」「教えあい／聴きあう」「カンタン合奏」など
②《ちょっとまってね》
　「レガート奏法」を
③《笛星人》

①《しっぱれー！》と②《ちょっとまってね》の2曲からできた大曲。3年生は，「やったー！」と思います。
　指の動きのない［シ］で，タンギングや音色のことだけを考えて吹きます。和音を考え，［シ］だけのメロディーを演出するピアノ伴奏に支えられ，3年生は，たとえ1音であっても大曲を演奏したような感動を持ちます。「吹けて良かった」「吹けて嬉しい」と思ってくれます。クラス全員が「やったー！」の思いを持つことができます。「もっと先に行きたい，もっと新しい音を！」と次への意欲も生まれます。

しっぱれー！

北村俊彦　作曲

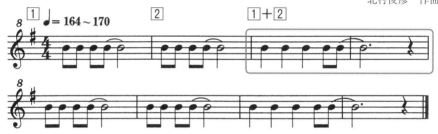

『笛星人』（トヤマ出版）より

　もちろん，3年生は暗譜でこの曲が吹けるまで練習しています。
A　クラスの子どもたちを，2つのグループに分けます。
　　①のグループと②のグループです。
B　子どもたちの前に先生が立ちます。
C　手で，①グループに合図をして，①のところを吹かせます。
D　手で，②グループに合図をして，②のところを吹かせます。
E　手で，①と②のグループの真ん中あたりを指し示し，①と②のグループに，①＋②のところを吹かせます。
F　次の4小節も，同様にします。
　※無伴奏よりはピアノの伴奏付きの方が面白いですね。
　　カラピアノのCDを使って実践してください。
　※同じパターンですると，面白さが少なくなります。そこで，①のところ

を②のグループ，2のところを①のグループにしてもよいですね。
　※また，1のところを①＋②で，2のところを①に，1＋2のところを②
　　にするのも，意外性があり，面白くなります。
　※いろんなパターンを考えてすると，3年生は，夢中になってしまいます。
G　3年生から，自分達も指示側になりたいと，言い出します。希望者にさせると，「指揮者」になったつもりで頑張ります。上手く指示できなくて苦労する子もいますが，みんな必死でやります。リーダーの育成につながります。
H　グループで取り組みをしたいといいますので，5～6人のグループで，カンタン合奏をします。時間を忘れて，何度も何度もやります。

　さて，《しっぱれー！》に取り組むねらいは何でしょうか？
・リーダー育成……指示することが，リーダーとしての力になっていきます。
・曲の中でのメロディーの受け渡し……合唱や合奏で，このパターンが，多く出てきます。
・課題の曲の反復練習……《しっぱれー！》なら，タカタカの練習です。このことが指導者の最大のねらいです。

6　[ラ] の登場で指の動きが

❶ [ラ] さんも仲間に

　[シ]でリコーダーを吹く喜びを知った3年生は，新しい音を使いたいと思っています。「次は[ラ]を！」と言うと，「やったー！」と大歓声です。「[シ]さんと仲良しになったから，今度は，[ラ]さんとも仲良しになってね」と言います。さらに「[ラ]さんは，どこに住んでいるのか覚えてね」も。5線上の位置も，そのようにして覚えます。そうです，友達です！「[ラ]さん」と言うのも，友達だから名前を覚えるのは当たり前だから。[ラ]と楽譜に書くのは最初だけ。いつまでも，名札を見て名前を呼ぶのは，ちょっと悲しいですから。記号も友達扱いです。例えば「ト音記号さん」で

す。さぁ！［ラ］を使った曲で！（いずれも『笛星人』より）

❷［シ→ラ］
a）メロディーが吹ける
　［シラシラ］と指を動かすと，メロディーがでてきます。［シ］だけの時よりも吹いているという気持ちが増してきます。メロディーを吹く喜びも生まれます。3年生がリコーダーに夢中になる時です。

b）タンギングは？
　3年生の意識は，「指の動き」にあって，タンギングのことは抜けてしまいます。タンギングをしなくても，メロディーを吹く楽しさがあれば，タンギングをすることを忘れてしまいます。とくに［シ→ラ］［ラ→シ］などと指を動かす時に抜けてしまいます。逆に，同音が続く時は，タンギングが抜けることはありません。この現象は，「タンギングをしなければならないメロディー」を，たくさん経験することで解消されていくので，指導者は，あまり心配しなくてもよいでしょう。ただ，同音連続でタンギングが抜ける時は，「タカタカ……」を再度，練習する必要があります。

c）優しくふさぐ
　「指穴に指の腹を押しつけて型が付くまで」という指導は，強く押さえるので，タンギングも強くなってしまいます。3年生には，「強く押さえつけたら，リコーダーが『痛い！』と言っているよ」と話し，「赤ちゃんの肌を触るように，フワッとふさいであげて！」と言って指導します。すると，音も柔らかな感じになります。「押さえる」と言うより，「ふさぐ」の方がよいでしょう。優しく，でも，確実にふさぎましょう。

d）ブレスを意識して
　3年生のブレスは「出たとこ勝負」で，息があれば吸わない，なくなった

ら吸う，長い音符の後では吸う，など様々です。ブレスは，大切なフレーズのことにつながるので，音の少ない今の時期に，習慣化するように指導しておきたいですね。

7 ［ソ］の登場で「悪魔の運指」が～悩みの薬指～

❶ ［ソ］は，大変！

親指・人差し指・中指・薬指４本でふさぐ［ソ］は，指導者が思っている以上に３年生にとっては困難な指使いです。特に問題は薬指です。［シラ］を使ってリコーダーへの思いも膨らんできた時に，襲ってくる「悪魔の運指」は，３年生の意欲を削ぎ，困難を強いるのです。指導者は，この難関を乗り越えていけるように，いっぱい配慮をしながら指導してほしいです。
※参考：先生方は，［ソ］の運指を，テナーリコーダーで試してください。
　きっと，３年生の小さな指の苦労を実感できると思います。

❷ ［シ→ラ］は簡単，でも，［ラ→ソ］は大変

［ラ→ソ］の動きは，３年生にとっては，「悪魔の運指（その１）」です。薬指を上げ下げする困難さと，指穴と指の間隔が拡がってしまうことから，この指の動きは，３年生だけではなくて，誰にとっても大変なのです。このことから［シ→ラ］がスムーズにできても［ラ→ソ］は困難になります。つらい思いをしている３年生は多くいます。［シ→ラ］は，［シ］から中指を動かすので，比較的簡単にできるのですが，［ラ→ソ］は，［ラ］から薬指を動かすので，スムーズにできなくて困っているのです。その練習のために，《ソロサンマ》（『笛星人』より）を作りました。

❸ ［シ→ソ］

a）薬指が遅れます！
　［シ→ソ］の動きも３年生にとっては，「悪魔の運指（その２）」です。［シ］の指使いから［ソ］に動く時，少し薬指が遅れます。［シ→ソ］が［シ

→ラ→ソ］になってしまいます。3年生は［シ→ソ］をしている気持ちですが，一瞬，［ラ］の音が聞こえ，間違ったと思ってしまいます。

b）3年の苦労をメロディーに

そこで，3年生の苦労している［シ→ソ］の指の動きが［シ→ラ→ソ］になることを生かして，メロディーができないかと考え《猫吹いちゃった》（『笛星人』より）ができました。［シ→ラ→ソ］の動きに慣れて，だんだんと［ソ］を確実にふさげるようになるでしょう。続いてメロディーは，［ソ→シ］になります。これは，指を離す動きなので楽々できます。「吹けた！」という思いを3年生が感じてくれてから，メロディーは，本命の［シ→ソ］の動きになります。《猫踏んじゃった》のパロディーですので，面白がって吹いてくれます。ところが，この段階でも，ある音からある音への移動時に，タンギングが抜ける現象が起こります。でも，タンギングをしないと面白くない曲を吹くことで，「抜け」はだんだんと減っていきます。指導者側の教材選びが大切なのです。

8　［シラソ］で，レパートリーが！〜吹ける喜びを〜

❶［シラソ］では，時間をかけて！

［シ］から，ゆっくり・しっかり・たっぷりのキャッチフレーズのもとに［ラ］［ソ］まで進みました。「さぁ！　次は［ド］［レ］へ！」。でも，ちょっと待ってください。3つの音を使って，もう少し楽しみませんか。［ラ→ソ］［シ→ソ］の動きに，3年生が，本当に慣れるまで，3つの音を自由に使って，たくさんのレパートリーを作りませんか？　3年生は，音を覚えるより，吹ける曲の多いことが嬉しいはずです。きっと，夢中になって吹くでしょう。だから，素晴らしい曲を探しましょう。今，3年生は，「基礎の基礎作り」の真っ最中なのですから。

❷ 『笛星人』は，[シラソ] にこだわりました

　子どもたちが，少ない音だけでも，リコーダーを演奏することに夢中になれる。そんな曲を求めて作曲してきました。『笛星人』には，《ソロサンマ》《地平線》《猫吹いちゃった》《2001年》があります。《2001年》に取り組む前に，タンギング復活の役割をする《PANIC》を，「タカタカ　ティキティキ……，もっと速く」と必死で！

❸ 究極の [シラソ]

　少ない3音ですが，表現を求めて演奏していくと，多くの音を使った曲で表現する以上の深みを感じることができます。

　《雨の声》は，その目的にぴったりの曲です。3年生でも吹けますが，ぜひ，高学年の子どもたちに吹かせてほしい！　何故かと言いますと，息をたくさん使って，一つ一つの音をつないで，フレーズを吹ききってほしいのです。3つの音で，こんなに表現を深めることができるのだと驚きます。「音をたくさん使うのが高学年で，少ない音だと3年生」は，間違いです。少ない音の曲・すぐ吹けそうなやさしい曲。それを，素晴らしい音楽に変身させることの大切さを知ってほしいです。

『雨あがりの朝』（トヤマ出版）より

9　ここで,もう一度,姿勢やタンギングを〜次に来る悪魔に備える力を〜

❶ リコーダーを吹くときの姿勢〜ブレスがしっかりできるために〜

a）風船

　リコーダーを胸にくっつけて吹いている3年生を多く見ると,私は「ネクタイ吹き」と言っています。60度ぐらいの角度をつけて構えるようにと言われることもありますが,「リコーダーと胸の間に風船を挟んで!」と言うと分かりやすいです。風船が割れない・逃がさないようにするには,どのくらいの角度で挟めばよいかを考えさせます。理想的な構え方になっていきます。

b）卵

　脇を締めて吹く3年生も多いです。「脇の下に大きな卵を挟んで」と言えばイメージができます。卵が割れない・落とさない挟み方を考えてくれます。「風船」と「卵」で,息をいっぱい吸える姿勢に!

c）椅子の座り方（足・背中・お尻）

　座奏時に,足はブラブラ,椅子に深く座り,背もたれにもたれて吹いている3年生。この姿勢では困ります。椅子の前の方に座り・背もたれにもたれない・足裏を床にピタッとつけるように指導しましょう。ブレスの支えも,気持ちや音の安定度も違ってきます。

❷ もう一度,「タカタカ　ティキティキ　トゥクトゥク」を

　［シ→ラ］［ラ→シ］と指を動かす時にタンギングが抜ける3年生に,もう一度《タカタカ……》を練習させます。4〜5月頃,「タカタカ……」を教えた頃より成長している3年生は,理解する力も増していますから,達成度は,以前よりも,グーンとアップ!　そして,速い曲や速いリズムパターンに飛びついてくれます。そうです!　できることだから,自信を持って,速く吹けることに喜びを感じ,やりがいも持ってくれるのです。だからこそ,

タンギングの達成率もぐんぐんと上昇するのです。でも，できることだと言っても，繰り返し取り組みたいと思ってくれるためには，課題の面白さがなくては，すぐに飽きてしまいます。「速く吹けることに満足感を持ち，そこからもう一歩前に進んでみたいと思うやる気，そして，やることに面白さを感じられる」そのような課題が必要です。タンギングが抜ける頃に必要な課題です。

❸《「PANIC》の登場--《2001年》の前に，ぜひ！--

［シラソ］だけを使い，「タカタカ」のリズムでできた曲です。同音連続なので，「ゆっくり・しっかり・たっぷり」で進んできた10月頃の３年生だと，ほとんど吹けるのです。ただ，最後の［ソラシラ　ソラシラ］の所だけ大変です。でも，90％以上はできるので何回も挑戦してくれます。さらに，「タカタカ」に慣れた３年生は，速いスピードで吹きたいと言ってくれます。吹くことに，喜び・満足感・達成感を感じてくれます。速ければ速いほど，タンギング達成率は上がります。この曲で，タンギングが復活します。

10　［ド］への挑戦〜悪魔の運指は，またまた登場！〜

❶『笛星人』のこだわりは？

学級という集団で，長年３年生にリコーダーを指導してきた経験から，「導入指導をどのようにしたらよいか」を考えてきました。でも，一般アマチュアやプロの方など，アルトからの練習や指導をされた方は，「ここまでするか！」という疑問が出てくると思います。そもそも，９〜10歳の３年生全員が，リコーダーを吹きたいという意思を持ち，音楽に積極的な姿勢で習うわけではありません。その３年生に，指導者は「落ちこぼれをつくらない」「クラス全員が，リコーダーを吹く喜びを味わう」ことを考えてリコーダー指導をするのです。音楽は，「音で楽しむ」です。「音で我，苦しむ」の「音我苦」ではダメです。音楽という遊びの中に指導のねらいをしっかりと取り込み，子どもたちが吹くリコーダーで，３年生の感性を豊かにできたら

PANIC for S-Recorder

北村俊彦　作曲

と，［シ］だけでも音楽を楽しめるように，私は願ってきました。また，大人なら少しの苦労でできることでも，微に入り細に入り教えていかないとできる状態にはなりません。ある音からある音への動きでの運指のつらさなどは，指導者が，しっかりと把握しておいてほしいことです。小さな一歩の積み重ねが「できる」につながります。「ゆっくり・しっかり・たっぷり」を基本にしましょう。

❷［シラソ］の次は？

日本では，［ド］に進みますが，バロック式を採用している外国では，［低いミレ］に進むケースが多いようです。どちらがよいのかは，かなり論議が必要ですので，ここでは触れないことにします。

［シラソ］の中でも書きましたが，ある音からある音への移動でメロディーが生まれ，その移動の中で3年生がとてもつらい思いを持っている動きがあるのです。特に指をスムーズに動かせない3年生にとっては，大変なのです。この［ド］が出てくると，［ラ→ソ］や［シ←→ソ］以上につらい動きが登場します。

❸［ド］の登場です

［ド］から既習音との動きを考えてみます。［ド←→シ］［ド←→ラ］［ド←→ソ］の3通りです。この中で，楽な動きと，少しばかり困難な動きがあります。3年生は，その動きの中でもがいているのです。そのことを指導者は知ってほしいと思います。

a）［ド←→ラ］

人差し指を動かすことでこのパターンができます。3年生にとっては，比較的楽な動きです。また，この動きは，「かっこう！」の鳴き声にもなるので，興味を持ってくれます。

b）［ド←→ソ］

この動きでは，人差し指・薬指の2本を同時に動かさなくてはなりません。

［ド→ソ］では，ふさぐ動きになります。薬指が少しばかり遅れてしまうので，［ド→ラ→ソ］となってしまいます。「ピコッ！」と，クリック音が出て，「あっ！ 間違った」と，大人が想像する以上に３年生は気にします。こんなことが「自分はできないのだ」と思ってしまう原因になるのです。逆の［ソ→ド］では離す動作なので，ふさぐ動きよりは，少しばかり楽になります。

c）［ド←→シ］

今回登場するこの動き「悪魔の運指（その３）」に，３年生だけではなくて，学年が上になった子どもたちも，苦労しています。大人相手にアルトリコーダーの指導をしている時でも，この動きでつまずいている人がいます（※アルトでは，［ファ←→ミ］になります）。［ド←→ソ］でも，２本の指を同時に動かしますが，「ふさぐ」か「離す」のどちらかです。

でも，［ド←→シ］では，どちらの動きでも，「ふさぐ」と「離す」の２つの動きを同時にしなくてはなりません。これが大変なのです。３年生の指の動きをしっかりと観察してください。この動きで「ぎくしゃく」している子どもたちの多いことに気づくと思います。

❹ ３年生の裏技から新曲が

このつらい［ド←→シ］の動きで，３年生は，すごいことをしていました。出てくる音だけを聴いていたら気づかない裏技です。［ド］から［シ］に移る時，人差し指を動かして，いったん［ラ］にするのです。そして，中指を離します。本当に素早く！ で，［シ］になります。［シ］から［ド］の時は，その逆をしていました。３年生は苦労しているのです。もちろん，メロディーが速い時は，スムーズにいきません。

この３年生の裏技に接して，閃きました。この裏技を使って曲ができないかと。そうです，無理に［ド←→シ］の動きを使わないで，［ド］を使ったという自信だけを３年生にと。そこで，［ド→ラ→シ］や［シ→ラ→ド］のパターンでメロディーを考えていきました。３年生が，少しばかり楽な指の

動きでリコーダーを吹き，［ド］もできるのだと思ってくれたら，その後の展開で，前向きな気持ちが生まれると考えました。《雲のなみだ》《ブラックホール》（『笛星人』より）は，こうして生まれました。特に，《ブラックホール》はヒット曲となり，高学年になっても吹きたい曲の一つになりました。吹いた後，「大丈夫？」と３年生に尋ねると，「大丈夫！［ド］，バッチリ！」です。

❺ 3年生は

「この曲が吹きたい→だから頑張る→吹けた→よかった→嬉しい→もっと吹きたい」こんな流れが必要です。子どもたちの実態をしっかりと見て，その状態に合った曲，前に進んでいける曲，ねらいをしっかりと定めて，そして，やりがいのある曲。そんな曲を，今も作りたいと思っています。次は，最大の難関［レ］の登場です。さらに，３年生は頑張ります！

11　いよいよ［レ］の登場です〜さらなる強烈な悪魔が〜

　ソプラノリコーダーで出る多くの音の中で，使用する指が１本なのは，［レ］だけです。超簡単な指使いですが，問題もかかえています。指を１本だけ使う状態なので，リコーダーを安定して支えることに困難さを感じます。今まで指何本かで，リコーダーを挟むようにして支えてきたのが，１本では，不安定な気持ちになります。このことが，３年生にとっての大きな苦労を生じる原因の一つとなります。また，指を１本だけで吹くと音程が定まりにくいです。息圧が強くなると高い音に，弱くなると低い音になってしまいます。正しい［レ］の音を出すのはなかなか大変なことです。「支えのこと」「音程のこと」。この２つのことをクリアしてリコーダーを吹いていけるようになるには，ゆっくりゆっくりと，子どもたちの状態をしっかり見て進めていく必要があります。

❶ ［レ］と４つの既習音

a)［ド］の音で［レ←→ド］

　親指だけが《ふさぐ・離す》の動作をする，３年生にとっては，簡単な動きです。［レ→ド→レ］と楽々運指。

b)［ラ］の音で［レ←→ラ］

　親指と人差し指で，「ふさぐ」か「離す」の動作をします。２つの指でリコーダーを挟んだりするような動きで，これも，比較的簡単な動きです。

　［レドラ］の３つの音を使うと，わらべうた風のメロディーを演奏することが簡単にできて，３年生も，歌うような気持ちでリコーダーを吹くことができます。リコーダーとわらべうたが，マッチングするかは，論議が必要かもしれないのですが，楽々運指で吹きやすいことには違いありません。

c)［ソ］の音で［レ←→ソ］

　親指と人差し指と薬指の３本の指を，同時に「ふさぐ」か「離す」の動作をします。でも，薬指が，他の２本より遅れてしまいます。［レ→ラ→ソ］となり，３年生は，間違ったと思い，スムーズにできる子より劣っていると感じて，少しずつですが，苦手意識の要因を背負ってしまいます。ただ，［レ→ソ／５度音程］のパターンは，曲の中に出てくることは，非常に少ないです。

d)［シ］の音で［レ←→シ］～最強の悪魔が～

　５音の中で，３年生にとっては本当につらい指の動きです。「ふさぐ」と「離す」のどれをしていても，３本の指は，音が変わる時に，違うやり方を同時にしなければならないのです。すなわち，「ふさいでいる指は離し」，「離している指はふさぐ」動きをします。これが３年生にとって，「悪魔の運指（その４）」です。［シラソドレ］の５つの音を使う中で，超困難指使い！そして，この動きは，３年生が演奏する課題の曲に多く出てくるのです。

《ぶんぶんぶん》《かっこう》などでは，［レ←→シ］と，前に説明した［ド←→シ］が，いっぱい使われています。5つの音で吹く曲は，だいたい，ト長調が多く，そのメロディーの中には，この2つのパターン［レ←→シ］［ド←→シ］が，必ずといってよいほど現れます。この動きがスムーズにできなくてつらい思いをしている3年生がいることを，指導する方・先生方，ぜひぜひ考えてほしいです。

❷ 実際には

［ド］の時の［ド←→シ］と同じように，［レ］を使って曲を吹く際には，少し困難な［レ←→シ］はちょっとおいておき，3年生が［レ］の音は大丈夫と思ってから使うようにした方がよいと思います。《ミスター・ドラマン》（『笛星人』より）で［レ］に慣れるようにしています。

その後に，次ページに紹介した資料のように，3年生までに歌った［シラソドレ］で吹ける曲を課題にします。そして，「5音を使って，たくさん吹けた！」と喜びと自信をつけた3年生が最後に吹く曲が，《やったー！　100点》です。

さぁ，これからも，5つの音［シラソドレ］で，たくさんの曲を吹き，簡単な5音の合奏もしてみましょう。できる・吹ける喜びを3年生に！　右手は，その後です。あわてないで！　『笛星人』には，5音で吹ける曲を用意しています。

『笛星人』指導の流れ

※サンプルです。各学校の状態に合わせて検討して下さい。※本文の記述と合わせて指導して下さい。

曲名 (演奏時間)//(小計)	使用音 低……………高					声部	カンタン	学年	月	指導内容 ※下記は、内容のほんの一部です	
ちょっとまってね(0:36)				シ		ユニゾン	カ		4〜5	[シ]との出遭い	リズムに注意
しっぱれー！(0:24)				シ			カ			タンギング	「タカタカ‥」で
笛星人(1:20)//(2:20)				シ						[シ]の大曲	展開に工夫を
シロロリロン(0:26)				ラ		ユニゾン			6	[ラ]と仲良し	リズムに注意 「ちょっと……」と違う
さくら笛(0:48)				ラ シ			カ			音をつないで吹く	[ラ]では中心になる曲
おやすみ(0:38)//(1:52)				ラ シ						ロングトーンの練習	各段5拍をしっかり伸ばす
ソロサンマ(0:31)			ソ ラ			ユニゾン	カ	3年	7	[ラ←→ソ]の動き	薬指の動きがスムーズに
地平線(0:48)			ソ ラ シ							拡がりを感じるように	[ラ→ソ]の復習＋α
猫吹いちゃった(0:38)			ソ ラ シ				カ		9〜10	[シ←→ソ]の動き	猫踏んじゃったのパロディー
2001年(1:13)//(3:10)			ソ ラ シ							タンギング	長い音符は、しっかり伸ばす
雲のなみだ(0:46)			ラ シ ド			ユニゾン				[ド←→ラ]の動き	最後の付点2分音符
花笛(0:54)			ソ ラ ド				カ		11〜12	「さくら笛」の感じで	ブレスの場所に注意
ブラック・ホール(1:03)//(2:43)			ソ ラ シ ド							たっぷりの息で	宇宙の拡がりを表現
ミスター・ドラマン(0:36)			ラ ド レ			ユニゾン	カ		1〜3	[レ]の音程	[ド→ラ][レ→ラ]では着地点の[ラ]を意識して
やったー！100点(0:34)			ソ ラ シ ド レ							運指が大変	伴奏に乗って楽しく100点の喜びを
ぷりぷりぶーん(0:43)			ソ ラ シ ド レ					4年	4	ゆったりとした感じで	レガートに
ガボット(1:09)			ソ ラ シ ド レ			2部合奏		5〜6年	……	3〜4年も可。表現では高学年が望ましい	ガボットの説明が必要。アーティキュレーション！
フエスキー・マーチ(0:45)			ソ ラ シ ド レ					4年	5〜7	スイングして	カンタン合奏です
パンダンス(0:48)			ソ ラ シ ド レ							四分音符は、はずんで吹きましょう	2匹のパンダが夢中で踊っています
うんめいだ！(1:09)//(5:44)			ソ ラ シ ド レ					3〜4年		ベートーベンをリコーダーで	音楽会向きです。1分で盛り上がろう！
風の置き手紙(1:11)	レ ミ ファ ソ ラ シ ド レ							4年		2つのパートの絡み合いを大切に	上のパートは、左手5指
花笛(0:53)	レ ミ ファ ソ ラ			ド		2部合奏			9〜12	右手の練習曲タンギング	前出の花笛を2部合奏で
ランチタイム・マーチ(1:15)	レ ミ ファ ソ ラ シ ド レ									スーザのマーチをイメージして	2パートは、途中からメロディーを活かす役目が
ランチタイム・ワルツ(1:20)	ド レ ミ ファ ソ ラ シ ド レ							5年	……	ランチタイムマーチをシュトラウスのワルツで	4年でも出来ますが内容的には高学年向き
道(1:38)//(6:17)	レ ミ ソ ラ シ レ							4年	1〜2	音をつないで吹く	5音音階です。演歌にならないように

[Total で、22:06] ※[カンタン合奏]については、テキストや説明を！

12 ［シラソドレ］で，リコーダーを吹く喜びを！
　　　　〜できることを使って，様々な体験を〜

「少ない音でリコーダーを吹いて，どこが面白いの？」「どんどん使う音を増やしたらレパートリーも幅広くなるから子どもたちも楽しいのでは？」と思われるかも知れません。でも，私は，3年生が導入期に，もっともっと楽しんでリコーダーを吹いていけるようにとの思いで，曲集『笛星人』を完成させてからも，多くの曲を作曲してきました。少ない負担で，楽しく吹いて基礎をしっかりとつけていけるようにとの願いが，曲となって現れてきました。子どもたちは，使う音の数を楽しむのではなくて，リコーダーで演奏する「音楽」を楽しんでいるのです。

曲の紹介の仕方・展開の工夫も大切です。それは，素材が少なくても美味しい日本料理のようです。

13 3年生「左手」での経験が，高学年のリコーダー指導に！
　　　　〜3年生での種まきが，6年生の開花に〜

「左手での5音を終えて右手に」は，自然な流れです。一般的に3年生では「左手から右手。低い［ド］〜高い［レ］」を終えてしまいます。たくさんの音を使ってリコーダーを吹く喜びを感じているのでしたら，それでよいと思います。クラス全員が「音で楽しむ→音楽」の中にいるのでしたら次のステップも必要です。でも，現実は，「音で我苦しむ→音我苦」になってはいないでしょうか？

3年生で，［シラソドレ］の5音を，「ゆっくり・しっかり・たっぷり」の指導で，リコーダーを吹く喜び・楽しさ・やりがい等々を体験してこそ，さらに，次のステップに挑戦し，もっともっと音楽的に高度なところまで行きたいと思うのではないでしょうか？

［シ］からの指導は，種まきです。「ゆっくり・しっかり・たっぷり」の考えで，6年生の開花を待ちましょう。無理やり「肥料や水」を与えても，種

は成長しません。種の気持ちに添って、種の願いに合わせた指導が必要だと思います。

14 「高学年で《星笛》を吹かせたい」願いの実現に、『笛星人』が！

　かつて、4～6年生に専科で音楽の授業をしていました。3年生で担任からリコーダー指導を受けた子どもたちが4年生になり音楽室にきました。この子どもたちにリコーダーを吹く喜びを体験させるにはどうしたらよいのかと試行錯誤して作曲し、それらの曲をまとめた曲集が『雨あがりの朝』です。その中に《星笛》(教育出版教科書『音楽のおくりもの』にも取り上げられています)があります。5年生の秋に取り組ませました。そして、その実践の中で、この《星笛》を音楽的に演奏できるための「基礎作り」を考えていきました。

　『笛星人』は、まさにその目的のために生まれた曲集です。[シ]1音からの指導で「基礎的なこととリコーダーを吹く喜びを子どもたちに」が私の願いです。その願いの先にあるのが《星笛》です。

※ここで紹介している曲は、伴奏付きで演奏することを前提として作曲しています。
　ピアノ伴奏譜及びCD(「PANIC」はピアノ伴奏譜のみ)に関するお問い合わせ先：トヤマ出版

高倉先生の
ちょっと
一言

　北村先生が作られた「星笛」という曲があります。私はこの曲が大好きです。偶然ある研修会でご一緒する機会があり「この先生があの素敵な曲を作られたのか！」と感激したのを今でもよく覚えています。素敵なのは曲だけではありませんでした。北村先生の子どもに対する見方・考え方は素晴らしいと思います。3年生はどう感じているのか、という視点が素晴らしいのです。「大人もテナーリコーダーを持ってごらんなさい。3年生の苦しみがわかります」という、この考え方が私たち教師には必要なのだと思います。

おわりに

　全国各地域には，先導的な実践をされている先生がたくさんいらっしゃいます。本書をまとめ上げた今，そのことを実感しています。新しい学習指導法は，必ずしもすぐに受け容れられるものではありません。それでも，信念をもって子どもと向き合う姿勢に感服します。

　また本書執筆においては，前文部科学省教科調査官の津田正之先生にも特別にご寄稿いただきました。とても心強いことでした。同様に，新潟大学の伊野義博先生，リコーダー指導で著名な北村俊彦先生にも原稿をお寄せいただきました。この場をお借りして御礼申し上げます。

　私たち小学校教師は，いつも「自分の実践はこれでいいのだろうか」と半ば半信半疑で授業をしていることが少なからずあります。特に新しい実践にチャレンジするときにはそうです。しかし，応援してくれる仲間や先輩がいてくれると本当に安心できる。しかも全国各地に仲間がいる，みんな繋がっている……素敵なことです。勇気をいただけます。

　本書は，そんな心強い一冊になったと思っています。音楽授業ラボラトリー研究会を代表して心から御礼申し上げます。本当にありがとうございました。

　編集に際しては，明治図書の木村悠さんに大変なご尽力をいただきました。仕事の遅い私を常に励まし続けてくださいました。厚く御礼申し上げます。

　全国の先生方，またラボでお会いしましょう！

髙倉　弘光

執筆者一覧

津田正之

文科省教科調査官等を経て国立音楽大学教授。博士（音楽）。沖縄の音楽教育史等を研究。『音楽づくり授業ガイド』映像資料（学事出版），小学校新学習指導要領解説音楽編の編集等に当たる。

髙倉弘光

筑波大学附属小学校教諭。ニューヨーク・ダルクローズ音楽学校でリトミックを学ぶ。子どもの体と音楽との関係，体を軸にした音楽の指導法を中心に，全国の仲間と研究を進めている。

松長　誠

現在，埼玉県所沢市内小学校音楽専科。常時活動や音楽科におけるICT機器活用について研究中。教職の傍ら，合唱教材作曲も手掛け，主な作品に『未来につなげ』『夢を語ろう』他多数。

後藤朋子

日野市立七生緑小学校指導教諭。都立特別支援学校，八王子市立小学校を経て，現在に至る。七生緑小学校合唱団を指導。リトミック，合唱に多く携わり，日常の授業づくりを中心に研究している。

西村美紀子

千葉大学卒業。県内公立小に勤務しながら長期研修や授業の達人を務める。千葉大学教育学部附属小・県教育委員会指導主事を経て現職。趣味は旅とグルメ。

山上美香

音楽の授業では，子どもたちが笑顔で心から音楽を楽しめる時間にしたい，と考え授業研究している。音楽専科として，1～6年生までの全校生を担当。香川県高松市立花園小学校教諭。

森　寛暁

もり・ひろあき　小学校教諭
1980年高知県生まれ。選曲家兼インディーズレーベル経営者，バーテンダーとして10年余り働いた後，教育の世界に身を投じる。
こどもがいちばん。

上杉一弘

北海道教育大学卒業。2018年3月まで網走市立網走小学校で音楽専科を担当。音楽の良さ，おもしろさをどう伝えるか考えてきた。4月からは，網走市立東小学校教頭として勤務。

安部香菜

武蔵野音楽大学卒業後，都内の高校，特別支援学校高等部で音楽を指導。その後，都内小学校音楽専科として勤務。研究会，研修会に参加しながら子どもたちがより楽しく音楽を学べるよう日々精進している。

伊藤友貴

福島県立福島高校管弦楽団に所属したことがきっかけで教職を志し，東京音楽大学音楽教育専攻入学。在学中は混声合唱に打ち込む。卒業後，東京都葛飾区立小学校音楽専科を経て，現職。

伊野義博

新潟大学教授。専門は，音楽教育学，民俗音楽学。日常的，伝統的な音の文化の有り様から音楽科教育を見つめ直す研究と実践を続けている。日本語と歌との関係に興味津々。現在は，ブータンの歌も研究しながら，音楽授業への応用も考えている。

北村俊彦

作曲家。元大阪府小学校音楽教諭。松原リコーダーコンソート指導者。
著書に『笛星人』『雨あがりの朝』『ミステリートレイン（共著）』（トヤマ出版）などがある。

【編著者紹介】

髙倉　弘光（たかくら　ひろみつ）

筑波大学附属小学校教諭。北海道教育大学教育学部卒業。ニューヨーク・ダルクローズ音楽学校卒業（リトミック指導者国際ライセンス取得）。筑波大学，前橋国際大学非常勤講師。国立音楽大学，玉川大学，國學院大學ほかでゲスト講師。

音楽授業ラボラトリー研究会代表。教育出版教科書『音楽のおくりもの』著者。文部科学省・国立教育政策研究所協力委員。NHK教育番組「おんがくブラボー」企画協力委員等。

著書に『髙倉弘光の音楽授業　必ず身に付けたいテッパン指導スキル55』『「子どもファースト」でつくる！音楽授業プラン成功のアイデア』（明治図書）『こども・からだ・おんがく　髙倉先生の授業研究ノート』（音楽之友社）ほか多数。

【著者紹介】

音楽授業ラボラトリー研究会

次代の新しい音楽授業のあり方を実験的に探っていくことを目的に平成23年秋に発足した研究会。

志を同じくする小学校教師数名が発起人，事務局員となり，1年に2～3回の研究会を東京・筑波大学附属小学校音楽室を会場に開催している。ワークショップ形式の研究会が多く，研究授業を行うこともある。

歌唱，器楽，音楽づくり，鑑賞などのジャンルにとどまらず，さまざまな音楽の分野を取り上げ，参会者が共に学び合える会になっている。近年は東京以外の地でも開催されている。

音楽科授業サポートBOOKS
音楽授業の「見方・考え方」
成功の指導スキル＆題材アイデア

2019年3月初版第1刷刊	©編著者	髙　倉　弘　光
2019年7月初版第2刷刊	著　者	音楽授業ラボラトリー研究会
	発行者	藤　原　光　政
	発行所	明治図書出版株式会社

http://www.meijitosho.co.jp
（企画）木村　悠　（校正）奥野仁美
〒114-0023　東京都北区滝野川7-46-1
振替00160-5-151318　電話03(5907)6702
ご注文窓口　電話03(5907)6668

＊検印省略　　組版所　株式会社カシヨ

本書の無断コピーは，著作権・出版権にふれます。ご注意ください。

Printed in Japan　　ISBN978-4-18-278213-8
JASRAC 出 1814826-902

もれなくクーポンがもらえる！読者アンケートはこちらから

音楽科授業サポートBOOKS

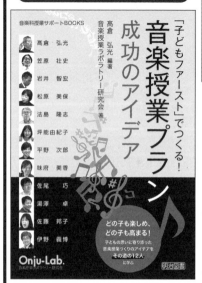

「子どもファースト」でつくる！
音楽授業プラン 成功のアイデア

髙倉弘光 編著／**音楽授業ラボラトリー研究会** 著

A5判／136頁　本体2,000円＋税　図書番号：1436

見たかったあの先生の音楽授業を**大公開！**

どの子も楽しめ、どの子も高まる！

授業をするときに第一に考えることは「子ども」。当たり前そうで、意外と教師主導の授業が多いのです。本書では、音楽の各領域においてその道の12人が「子どもファースト」な音楽授業づくりのアイデアを紹介。きっとあなたの音楽授業のストックの1つになるはずです！

髙倉弘光の音楽授業
必ず身に付けたい テッパン指導スキル55

髙倉弘光 著

A5判／136頁　1,960円＋税　図書番号：1917

時間配分や机の配置等の基礎基本スキルから、歌わない子の指導や習熟差の激しい器楽指導等の領域・分野別のスキル、また年間計画の立て方や指導案の書き方等の授業上達のスキルまで、音楽授業で絶対はずせないスキルを大公開！　髙倉先生のある日の授業も漫画で収録。

明治図書　携帯・スマートフォンからは **明治図書ONLINE** へ　書籍の検索、注文ができます。

http://www.meijitosho.co.jp　＊併記4桁の図書番号（英数字）でHP、携帯での検索・注文が簡単に行えます。

〒114-0023　東京都北区滝野川7-46-1　ご注文窓口　TEL 03-5907-6668　FAX 050-3156-2790

＊価格は全て本体価格表示です。